clave

Su Santidad Tenzin Gyatso, Dalai Lama, es el guía temporal y espiritual del pueblo tibetano. Su labor a favor de los derechos humanos le ha valido el reconocimiento internacional y la entrega del premio Nobel de la Paz. Entre sus obras destacan *Las Cuatro Nobles Verdades*, *El arte de la felicidad*, *El arte de vivir en el nuevo milenio*, *El arte de la compasión*, *El arte de la sabiduría*, *Conócete a ti mismo tal como realmente eres*, *Con el corazón abierto*, *La meditación paso a paso*, *El universo en un solo átomo* y *En mis propias palabras*, publicado exclusivamente en Debolsillo.

DALAI LAMA

Las Cuatro Nobles Verdades

Traducción de
Elvira Heredia

DEBOLS!LLO

Título original: *The Four Noble Truths*
Tercera edición en esta colección: febrero, 2015
Primera reimpresión: marzo, 2016

© 1997, Su Santidad el XIV Dalai Lama
Publicado originalmente en inglés por Thorsons, una división de
HarperCollins Publishers Inc.
© 1998, Penguin Random House Grupo Editorial, S. A. U.
Travessera de Gràcia, 47-49. 08021 Barcelona
© Elvira Heredia, por la traducción

Printed in Spain – Impreso en España

ISBN: 978-84-9989-671-7
Depósito legal: B-40.211-2011

Compuesto en Anglofort, S. A.
Impreso en Liberdúplex,
Sant Llorenç d'Hortons (Barcelona)

P996717

Penguin
Random House
Grupo Editorial

ÍNDICE

Prefacio

En julio de 1996, Su Santidad el Dalai Lama pronunció en el Barbican Centre de Londres una serie de conferencias acerca del pensamiento budista y su práctica. Estas charlas fueron facilitadas por la Red de Organizaciones Budistas del Reino Unido, asociación nacional de centros budistas.

El tema central de las conferencias que el Dalai Lama impartió en el Barbican Centre, y que constituyen el núcleo de este libro, es la doctrina budista bajo el principio de las Cuatro Nobles Verdades, fundamento de todas las enseñanzas de Buda. En estas charlas, Su Santidad presenta una explicación integral del tema con la finalidad de ayudarnos a alcanzar un mejor conocimiento de las Cuatro Nobles Verdades.

El apéndice, *La compasión, base de la felicidad humana*, es el texto de una conferencia que Su Santidad pronunció en el Free Trade Centre de Manchester. Esta charla fue organizada por la Tibet Society del Reino Unido, una de las organizaciones más antiguas para la ayuda del Tíbet. Este capítulo acerca de la compasión complementa admirablemente la doctrina de las Cuatro Nobles Verdades, al tiempo que ilustra cómo la doctrina de Buda puede llevarse a la práctica en nuestro quehacer cotidiano.

Dado que el mensaje central del Dalai Lama en estas conferencias es la compasión y la enseñanza de cómo vivir una vida piadosa, deseamos que este libro interese y beneficie a personas de cualquier credo, así como a aquellas que no profesan religión alguna.

La Oficina del Tíbet en Londres agradece a Cait Collins y a Jane Rasch la transcripción de las cintas de las conferencias, y a Dominique Side y al traductor Geshe Thupten Jinpa la edición del manuscrito para su publicación.

KESANG Y. TAKLA
Representante de Su Santidad el Dalai Lama
Londres

Introducción

Las Cuatro Nobles Verdades constituyen el fundamento esencial de la doctrina budista, de ahí su importancia. En realidad, si no son asimiladas y experimentadas personalmente, resulta del todo imposible practicar el *dharma*.[1]

En general, las religiones mayoritarias del mundo tienen como potencial común servir a la humanidad y desarrollar buenos seres humanos. La acepción del adjetivo «bueno» en este contexto no hace referencia a alguien apto por su aspecto exterior, sino que califica a aquel que posee un corazón compasivo. En este sentido, siempre es mejor observar las reglas de la propia religión tradicional, ya que cambiar de credo puede conllevar dificultades emocionales e intelectuales. Por ejemplo, en Inglaterra la cultura religiosa tradicional es el cristianismo, así que es preferible seguir profesándolo que cambiar radicalmente.

---

1. *Dharma* o *sutra*: una de las tres divisiones de las escrituras budistas. Contiene la doctrina elemental del budismo. (*N. de la T.*)

Sin embargo, es posible que aquellos que consideren que su religión tradicional no les resulta en absoluto efectiva, o los que se declaran ateos radicales, sientan atracción por la visión budista de las cosas. En este caso quizá sea correcto seguir la doctrina budista, ya que siempre es mejor abrigar una religión que ninguna. Pero si realmente se sienten atraídos por el enfoque y el modo de ejercitar la mente budistas, resulta de suma importancia reflexionar primero cuidadosamente al respecto, porque sólo será correcto adoptar el budismo como religión personal cuando hayan descubierto que esta doctrina se ajusta a sus necesidades.

En este sentido hay otro aspecto importante a tener en cuenta. La naturaleza humana es bastante peculiar. A veces, para justificar la adopción de una nueva religión, criticamos aquella a la que pertenecíamos, o incluso la tradición religiosa de nuestro país, tachándola de inadecuada. Esto no tendría que ser así pues, si debemos respetar a todos los seres humanos, debemos respetar también a aquellos que siguen distintas sendas religiosas. En primer lugar porque aunque una religión no sea efectiva para un individuo en concreto, no por ello carece de valor para millones de personas. Es más, la religión previa, como toda religión, cuenta con el potencial de ayudar a cierta clase de personas. Es evidente que para algunos el enfoque cristiano es más efectivo que el budista; todo depende de la disposición mental de cada individuo. Así pues, debemos respetar el potencial de cualquier religión y, por supuesto, a sus seguidores.

La segunda razón es que en la actualidad tenemos un mayor grado de conocimiento acerca de las muchas tradiciones religiosas del mundo y, en consecuencia, la necesidad de promover una perfecta armonía entre ellas. Prueba de ello fue la reunión ecuménica de 1996[1] en Asís sobre las religiones y el medio ambiente. Cada día más, la idea de pluralismo religioso está echando sólidas y profundas raíces, lo que sin duda es esperanzador. En este sentido, y en una época en que la humanidad se esfuerza por promover el buen entendimiento religioso en distintas áreas, cualquier crítica individual puede resultar perjudicial. Así pues y sobre estas bases, deberíamos mantener siempre un espíritu de respeto por las otras religiones.

He querido comenzar matizando estos aspectos porque siempre que explico las Cuatro Nobles Verdades sostengo que el camino del budismo es el mejor. Incluso si me preguntaran cuál es para mí la mejor religión, respondería sin titubear que el budismo. Sin embargo, esto no significa que la doctrina budista sea la mejor para todos. Por tanto, espero que no me malinterpreten si durante mi exposición sostengo que el budismo es la mejor religión.

Desearía enfatizar que, cuando afirmo que todas las religiones cuentan con un gran potencial, no lo hago por simple educación o diplomacia. Nos guste o no, es imposible que la raza humana en su totalidad sea budista, cristiana o musulmana. A decir verdad, ni siquiera durante la época de Buda toda la población de la India se convirtió al budismo.

---

1. Reunión promovida por el Fondo Mundial Pro Natura en Asís, Italia, en 1996, que congregó a los líderes de las religiones mayoritarias del mundo y a los de las organizaciones ecologistas. (*N. de la T.*)

Es más, no sólo he leído libros acerca de otras religiones sino que he conocido devotos practicantes de otras tradiciones y he mantenido con ellos conversaciones muy interesantes acerca de experiencias espirituales profundas, en concreto la experiencia de la bondad. Tras advertir que todos ellos comparten el auténtico espíritu de la bondad, he llegado a la conclusión de que las distintas religiones tienen capacidad para desarrollar un corazón compasivo en el hombre.

Simpatizar o no con la filosofía de otras religiones no es el tema que nos ocupa. Es evidente que para alguien que no sea budista la idea de nirvana y de reencarnación puede resultar absurda, del mismo modo que para los budistas carece de sentido la idea de un Dios creador. Pero, de hecho, lo verdaderamente relevante es que las distintas tradiciones tienen un objetivo común: convertir a las personas negativas en buenos seres humanos. Éste es sin duda el propósito de la religión y, en consecuencia, motivo suficiente para respetar cualquier credo religioso.

Buda predicó su doctrina desde distintos enfoques, razón por la cual el budismo cuenta con varios sistemas filosóficos: *Vaibhashika, Sautrantika, Chittamatra* y *Madhyamaka*. Cada una de estas escuelas cita a Buda a partir de los *sutras*.[1] Buda impartió sus enseñanzas de diversas formas, y podría pensarse que ni siquiera él estaba seguro de cómo eran las cosas en sí mismas. Sin embargo, Buda era consciente de la heterogénea disposición mental de sus seguidores y, puesto que

---

1. *Sutras*: Colección de diálogos y discursos del budismo clásico, *Mahayana*, datados entre los siglos II y VI. (*N. de la T.*)

el objetivo principal de la enseñanza de una religión no es hacerse famoso sino ayudar a la gente, impartió su doctrina en función de la predisposición de sus oyentes. Observamos pues que incluso el propio Buda mostró respeto por los derechos y puntos de vista individuales. Una doctrina puede ser muy profunda pero si no se ajusta a una persona particular, ¿de qué sirve explicarla? En este sentido el *dharma* es como un medicamento. El principal valor de un medicamento es curar la enfermedad, no su precio. Por ejemplo, una medicina puede ser muy cara pero si no es la apropiada para el paciente, no sirve para nada.

Así pues, dada la diversidad de gente que habita el mundo, es necesario que haya distintos tipos de religión. Permítanme ilustrar esta afirmación con un ejemplo. A principios de los setenta, un ingeniero indio se mostró tan interesado por el budismo que finalmente se hizo monje. Era una persona sincera y excepcional. Sin embargo, el día que le expliqué la teoría budista de la *anatman*[1] —teoría acerca de la negación de la individualidad y del alma—, se sorprendió tanto que, atemorizado, empezó a temblar. Para él, aceptar que el alma no participa de la idea de permanencia era como dejar al margen algo fundamental. Explicarle el ver-

---

1. La traducción literal de la palabra sánscrita *anatman* sería no-alma, no-individualidad. Esta teoría está inscrita en tercer lugar en los Cuatro Sellos, que distinguen el corpus budista del resto de filosofías y religiones. Los Cuatro Sellos son: todos los fenómenos compuestos son efímeros; todos los fenómenos contaminados son insatisfactorios; todos los fenómenos están vacíos de individualidad; el nirvana es la paz verdadera. (*N. de la T.*)

dadero sentido de la *anatman* no fue tarea fácil, tardé meses en conseguir que la teoría dejara de intimidarle. En consecuencia, para enseñar a esta persona la esencia de la *anatman* tuve que partir de la creencia en el alma como premisa inicial.

En definitiva, si somos conscientes de todos estos matices, no resultará difícil respetar y apreciar el valor de las tradiciones ajenas a la nuestra.

PRINCIPIOS BÁSICOS DEL BUDISMO

Siempre que presento la enseñanza budista lo hago en función de dos principios básicos. El primero es la naturaleza interdependiente de la realidad.[1] Toda la filosofía budista se asienta en la comprensión y conocimiento de esta verdad básica. El segundo principio es la no-violencia, actitud propia del budista que posee la visión de la naturaleza interdependiente de la realidad. La no-violencia significa esencialmente que debemos hacer todo cuanto esté en nuestra mano para ayudar a los demás y, de no ser posible, evitar hacerles daño. Antes de profundizar en las Cuatro Nobles Verdades, propongo subrayar ambos principios a modo de introducción.

---

1. La traducción literal de la palabra sánscrita *pratiyasamutpada* es origen dependiente. Es la ley natural según la cual todos los fenómenos emergen en dependencia a sus propias causas, en relación a sus condiciones individuales. Es decir, la condición de la posibilidad de los fenómenos es la inevitable coincidencia de sus causas. (*N. de la T.*)

Tomar refugio y generar *bodhichitta*

Llegamos a ser budistas cuando decidimos *tomar refugio*, es decir, nos acogemos a las Tres Joyas y cuando generamos *bodhichitta*, término tradicional budista que tiene tres acepciones: compasión, mente altruista y buen corazón. Las Tres Joyas del budismo son Buda, el *dharma* —sus enseñanzas— y el *sangha* o comunidad de practicantes. Y en la base de estos dos preceptos, tomar refugio y generar *bodhichitta*, se asienta la idea de ayudar siempre al prójimo. En efecto, la práctica del primero conlleva explícitamente comprometerse en actividades encaminadas a ayudar a los demás; la del segundo, consolidar éticamente la dirección de la vida del practicante, evitando acciones que puedan perjudicar a sus semejantes y respetando las leyes del *karma*.

Salvo que tengamos una adecuada experiencia inicial en la práctica de tomar refugio en las Tres Joyas, no estaremos en disposición de alcanzar el grado superior o plena actualización del *bodhichitta*. Por esta razón, lo que distingue a un budista como tal es haberse acogido inicialmente a las Tres Joyas.

No obstante, tomar refugio en las Tres Joyas no debe ser entendido como un acto ceremonial en el que el iniciado se acoge a las enseñanzas de su maestro ni, mucho menos, como un ritual en virtud del cual se convierte en budista. Si bien es cierto que en el budismo se celebra el rito del Refugio, éste no es más que un acto formal. Sólo tras haber reflexionado y llegado al pleno convencimiento de la validez de Buda, el *dharma* y el *sangha* como los tres únicos objetos de refugio, se es realmente budista.

Tomar refugio significa confiar el bienestar espiritual a las Tres Joyas. En este sentido, la menor duda o temor respecto a la validez de Buda, el *dharma* y el *sangha* como máximos objetos de refugio, incluso aunque se haya participado en la ceremonia del Refugio, implica no poder practicar el budismo en su esencia hasta haber comprendido lo que verdaderamente son en sí mismos.

Cuando hablamos de Buda en este contexto, no debemos ceñirnos única y exclusivamente a la referencia del personaje histórico que en la India predicó cierto tipo de vida espiritual. La comprensión de la palabra Buda[1] abarca un estado de realización espiritual o niveles de consciencia. Así pues, debemos entenderla como un estado espiritual. Éste es precisamente el motivo por el cual, en las escrituras budistas, se habla de budas pasados, presentes y futuros.

La siguiente cuestión será cómo llegar a ser un buda. En otras palabras, ¿cómo puede una persona lograr un total estado de iluminación?[2] Al reflexionar acerca de la realización espiritual, estamos obligados a preguntarnos por la posibilidad o imposibilidad de que un individuo alcance dicho estado, de que se convierta en un ser iluminado, es decir en un buda. La clave reside en comprender la naturaleza del *dharma*. Si el *dharma* existe, el *sangha* —conjunto de individuos comprometidos en seguir el camino del *dharma*, que han

1. Un buda es, literalmente, alguien que está despierto, que es consciente (del sánscrito *bodhi*). (*N. de la T.*)

2. En sánscrito, *bodhi*. Purificación y comprensión absoluta de todas las cualidades. (*N. de la T.*)

comprendido y actualizado su verdad— también existirá. En efecto, si hay miembros del *sangha* que han alcanzado estados espirituales que les han permitido superar los niveles de negatividad y sufrimiento, podemos prever la posibilidad de conseguir la total liberación de la negatividad y el sufrimiento. Este estado de liberación espiritual es el que convierte a un individuo en iluminado.

En el presente contexto se hace necesario establecer la distinción entre el uso genérico y el específico de la palabra *dharma*. Genéricamente, cuando nos referimos al *dharma* lo relacionamos con las escrituras, las enseñanzas de Buda y las realizaciones espirituales basadas en la práctica de dichas enseñanzas. En cuanto a su uso específico dentro del marco del tomar refugio, el *dharma* se presenta bajo dos aspectos: por un lado, como el camino que conduce a la cesación del sufrimiento y los sentimientos aflictivos; por otro, como la cesación[1] en sí misma. Sólo comprendiendo el verdadero sentido de la cesación y el camino que conduce hasta ésta podremos tener una somera idea de lo que realmente significa el estado de liberación.

Origen dependiente

En los *sutras*, Buda señala varias veces que quien percibe la naturaleza interdependiente de la realidad percibe el *dhar-*

---

1. Término budista que hace referencia a la total cesación del sufrimiento. La cesación del ciclo de sufrimiento (*samsara* en sánscrito) es identificada comúnmente con el nirvana. (*N. de la T.*)

ma y que quien percibe el *dharma* percibe a Buda.[1] En mi opinión, si analizamos este punto desde la perspectiva de las enseñanzas de Nagarjuna, fundador de la escuela *Madhya-maka*, alcanzaremos una mejor comprensión de lo que ello implica. A pesar de las posibles críticas que pueda suscitar el decantarme en favor de Nagarjuna, sólo siguiendo su filoso-fía podremos descubrir el triple significado del concepto en este contexto.

En primer lugar, el origen interdependiente *pratityasa-mutpada*, común a todas las escuelas filosóficas budistas, es un principio fundamentado en la dependencia causal. *Patrit* significa «depender de...» y *samutpada* se refiere al «origen». Este principio significa pues que todas las cosas y los acon-tecimientos del universo son en tanto que resultado de la in-teracción de varias causas y condiciones. El sentido de esta premisa excluye dos posibles conclusiones no contempladas por el budismo: la primera es la posibilidad de que las cosas puedan surgir de la nada, es decir sin intervención de cau-sas y condiciones; la segunda, que la existencia de las cosas dependa de una causa trascendente o creadora.

En segundo lugar, podemos entender este principio del origen dependiente de la realidad en relación a la dicotomía parte y todo. Todos los objetos materiales pueden ser defini-dos en función de las partes que componen la totalidad y, en consecuencia, cabe afirmar que la idea de totalidad depende de la existencia de las partes. Dicha dependencia se observa

1. Aquí Buda es entendido en el sentido de haber alcanzado el esta-do de liberación e iluminación. (*N. de la T.*)

plenamente en el mundo físico pero también puede postularse de las entidades no físicas. Así, la consciencia puede ser comprendida como una totalidad compuesta de secuencias temporales: la idea de su unidad o totalidad está determinada por la suma de secuencias sucesivas que componen un todo continuo. Así pues, cuando consideramos el universo en estos términos, no sólo advertimos que el origen dependiente es la condición de la posibilidad de las cosas, sino que también entendemos que el mundo fenoménico en su totalidad surge como resultado de este principio.

Además de estas dos acepciones, hay un tercer significado del origen dependiente de la realidad: todas las cosas y acontecimientos (de hecho, la totalidad de todo lo que es y existe) surgen solamente como resultado de la interacción del conjunto de factores que propiciaron su advenimiento. Cuando se reflexiona en las cosas dividiéndolas en sus partes constitutivas, se advierte que cualquier entidad es en función de la interdependencia de factores que confluyeron en su origen. Es más, no hay nada que posea una identidad independiente o intrínseca en sí. Así pues, cualquier identidad que demos a las cosas será siempre contingente en relación a la interacción que se establece entre nuestra percepción y la realidad en sí misma. No obstante, esta afirmación no significa negar la existencia de las cosas; el budismo no predica el nihilismo. Las cosas existen, pero no tienen una realidad independiente y autónoma.

Retomemos ahora la afirmación de Buda con la que abríamos este apartado. Según él, percibir el origen dependiente de la realidad conduce a la percepción del *dharma*. Este concepto tiene tres significados distintos que se corresponden respectivamente con los tres significados del principio del origen dependiente que acabamos de explicar.

En primer lugar, podemos relacionar el *dharma* con el primer significado, es decir con la dependencia causal. Desarrollando un profundo conocimiento de la naturaleza interdependiente de la realidad en función de la dependencia causal, advertiremos el funcionamiento de lo que llamamos *karma*, es decir la ley kármica de causalidad que gobierna las acciones humanas. Esta ley explica que las experiencias de dolor y sufrimiento nacen como resultado de acciones, pensamientos y comportamientos negativos, mientras que las experiencias deseables, como la felicidad y la alegría, surgen de causas y condiciones que se corresponden directamente con éstas: acciones, sentimientos y pensamientos positivos.

Desarrollar un profundo conocimiento del origen dependiente en términos de dependencia causal proporciona una comprensión total de la naturaleza de la realidad. Cuando se advierte que todo cuanto percibimos y experimentamos aparece como resultado de la interacción y unión de causas y condiciones, la visión de la realidad cambia por completo. La perspectiva de las propias experiencias internas, y del mundo en su totalidad, hace que nuestro ser perciba la realidad bajo este principio causal. Una vez se ha desarrollado este tipo de punto de vista filosófico, es posible situar el entendimiento del *karma* en este marco, ya que las leyes kármicas son una instancia particular de este principio causal general.

De igual modo, cuando se adquiere una entera comprensión de las otras dos dimensiones del principio del origen dependiente, es decir la dependencia entre las partes y la totalidad, y la interdependencia entre percepción y existencia, la visión de la realidad es más profunda, advirtiendo la diferencia entre la forma como se nos manifiestan las cosas y lo que realmente son. Lo que se nos aparece como realidad autónoma y objetiva no se ajusta exactamente con la propia naturaleza de la realidad.

Tras apreciar esta disparidad fundamental entre la apariencia y la realidad, adquirimos cierta comprensión de cuál es el mecanismo de nuestras emociones y cómo reaccionamos ante los acontecimientos y objetos. Bajo toda respuesta emocional intensa ante determinadas situaciones, subyace la asunción de la existencia de algún tipo de realidad interdependiente. De esta forma desarrollamos un conocimiento de las distintas funciones de la mente y de los distintos grados de consciencia. Y, aún más, también alcanzamos la comprensión de que, aunque ciertos tipos de estados mentales o emocionales parezcan tan reales, y aunque los objetos se nos aparezcan con vividez, en realidad son sólo meras ilusiones. Realmente no existen de la forma que creemos que lo hacen.

A través de este tipo de reflexión y análisis podremos comprender lo que, utilizando el lenguaje técnico budista, es llamado «el origen del sufrimiento», en otras palabras, aquellas experiencias emocionales que conducen a confusión y malentendidos y aflijen a la mente. Cuando esto se combina con un conocimiento de la naturaleza interdependiente de la realidad en su nivel más sutil, entonces alcanzamos el conocimiento de «la naturaleza vacía de la realidad», que significa la forma en que todo objeto y acontecimiento surge sólo de la combinación de muchos factores y no tiene una existencia independiente o autónoma.

La comprensión del principio de vacuidad[1] nos ayudará, por supuesto, a comprender que cualquier idea basada en el punto de vista contrario —por ejemplo, que las cosas existen intrínseca e independientemente—, es un malentendido. Aunque hay muchas formas de interpretar la naturaleza de la realidad, ninguna de ellas se asienta sobre principios sólidos, sobre la realidad misma, ni siquiera sobre nuestra experiencia personal. Sin embargo, la naturaleza vacía de la realidad está sólidamente fundamentada lógica y empíricamente, es decir, desde nuestra experiencia personal. La posibilidad de alcanzar un conocimiento susceptible de eliminar este malentendido por completo debe desarrollarse gradualmente. Se trata de ir ascendiendo hasta lograr el estado de cesación.

En *Palabras claras*, *Prasannapada*, Chandrakirti[2] señala que si se puede postular el principio de vacuidad, también puede tomarse el principio del origen dependiente de la realidad como postulado y, en consecuencia, formular la relación causal entre el sufrimiento y su origen. Asumidas estas premisas, la posibilidad de la cesación del sufrimiento es del

---

1. En sánscrito, *shunyata*. Ausencia de existencia real en todos los fenómenos. (*N. de la T.*)

2. Maestro budista (siglos III y IV) y máximo representante de la escuela *Prasangika-Madhyamaka*. En *Palabras claras* comenta los principios de la Escuela Media budista. (*N. de la T.*)

todo concebible. Por tanto, argumenta Chandrakirti, el que los individuos tomen consciencia y actualicen este estado de cesación hasta llegar, como los budas, a perfeccionarlo, es factible.

La cuestión fundamental es que desarrollando una profunda comprensión del principio del origen dependiente de la realidad podemos entender, a su vez, la verdad del sutil origen del sufrimiento y la verdad de la cesación. Éste es, pues, el significado de la sentencia de Buda: conociendo el origen dependiente, percibiremos el *dharma*. Sólo así podremos aprehender la verdad de la cesación y el camino que conduce a ésta. Y, asumidos estos aspectos, estaremos en disposición de comprender la posibilidad de que los miembros del *sangha* tomen conciencia y actualicen estos estados, y de que los budas los perfeccionen. En definitiva, llegaremos a comprender lo que realmente significa el estado de iluminación.

Las Dos Verdades

Con el fin de desarrollar una mejor comprensión de las Cuatro Nobles Verdades, es también necesario estar familiarizado con las Dos Verdades: la verdad convencional o relativa y la última verdad. En este sentido no hay que olvidar que, para explicarlas, seguiremos la dirección del *Madhyamaka*, o Escuela Media del budismo. Por supuesto, el concepto de las Dos Verdades no es exclusivo de esta escuela, también se encuentra en la doctrina de otras escuelas budistas y en doctrinas filosóficas indias no budistas.

¿Cómo podemos desarrollar un conocimiento personal de la doctrina fundamental budista de las Dos Verdades? Llegando a conocer nuestro mundo cotidiano de experiencias vividas, alcanzaremos el *samvaharastaya*, el mundo de la realidad convencional, donde opera el principio causal. Si aceptamos la realidad de este mundo como convencional, entonces podemos aceptar el principio de vacuidad de este mundo que, según el budismo, es la última verdad, la *paramarthasatya*. La relación entre estos dos aspectos de la realidad es de suma importancia. El uso del mundo de la apariencia no lo es en tanto que negación al mundo de la última verdad, sino más bien como evidencia, como la base sobre la que la naturaleza de la realidad está establecida.

Sólo cuando se tiene una comprensión de la naturaleza y la relación de estas Dos Verdades, se está en plena disposición para aprehender las Cuatro Nobles Verdades. Una vez aprehendidas éstas, se posee una base sólida para desarrollar un buen conocimiento de lo que realmente significa Tomar Refugio en las Tres Joyas.

PREGUNTAS

P: ¿Cuál es la diferencia entre la aprehensión interior que consiguen los individuos y la perfección alcanzada por los budas?

DALAI LAMA: Tomemos como ejemplo la aprehensión interior de la sutil impermanencia y efímera naturaleza de todas las cosas y acontecimientos.

A un individuo que parte del convencimiento de la permanencia de las cosas no le resultará fácil, en el estadio inicial, liberarse por completo del fuerte apego que siente hacia esa creencia. En primer lugar, y para ir gradualmente deshaciéndose de esta opinión, es necesario poner en práctica alguna forma de reflexión crítica, aunque se albergue la más mínima duda, ya que ésta facilitará a la persona, por lo menos, la posibilidad de experimentar el efecto de liberarse del apego a la idea de que las cosas son permanentes y eternas.

Sin embargo, esto no es suficiente. Es necesario el posterior refuerzo de una reflexión todavía más crítica para dirigir a la persona hacia la impermanencia de las cosas. Pero esto tampoco es suficiente. Necesitará todavía mucha más convicción y ésta sólo puede ser alcanzada a través de la constante reflexión que conduce a «el conocimiento inferencial de la impermanencia».

El proceso todavía no ha terminado. Para que este tipo de conocimiento tenga un impacto definitivo en el comportamiento de la persona, ésta necesita alcanzar un conocimiento interior o experiencia intuitiva de la impermanencia de las cosas. Esto, a su vez, requiere un grado mayor de perfeccionamiento, porque el apego a la permanencia está tan arraigado en nuestra consciencia que un mero conocimiento interior no es suficiente para disiparlo. Erradicar cualquier tendencia, por remota que sea, que nos impela a considerar la permanencia de las cosas, requiere un largo proceso de profundización interior.

El proceso será exactamente el mismo para alcanzar el conocimiento interior de la vacuidad de las cosas y, de hecho, para cualquier principio.

Sin embargo, hay ciertos aspectos del camino espiritual que tienen menos que ver con experiencias referidas al conocimiento, y más con la mejora de nuestro buen corazón. Para alcanzar dicha mejora es preciso desarrollar, en el estadio inicial, algún conocimiento intelectual acerca de la compasión y, por supuesto, de cómo mejorarla. Posteriormente y como resultado de esta práctica, es posible que la persona experimente en sí misma lo que es tener buen corazón. Por ejemplo, cuando se reflexiona acerca de la compasión, ésta puede llegar a manifestarse, pero no impregnar todo nuestro ser. Así pues, es necesario profundizar más en esta experiencia para que nuestra compasión sea espontánea y no dependa de la estimulación intelectual. En realidad, siempre que sea requerida tiene que convertirse en una respuesta espontánea. Esta experiencia de la compasión puede ser incluso más profunda y convertirse en universal. Pero, por ser un aspecto diferente del camino, supone iniciar un nuevo y largo proceso.

Estos dos aspectos del camino, íntimamente relacionados, son conocidos en el budismo tradicional como el Aspecto del Método y el Aspecto de la Sabiduría o Introspección. Para lograr profundizar en nuestro interior, precisamos el factor complementario del *bodhichitta,* que pertenece al Aspecto del Método. De igual modo, para profundizar y reforzar la comprensión del *bodhichitta* es imprescindible aprehender sus bases internas. Así pues, necesitamos una aproximación que combine método y sabiduría.

Asimismo, precisamos un acercamiento que coordine diferentes métodos y no sólo uno. Utilizando de nuevo el caso de la interiorización de la impermanencia de las cosas, cabe destacar que, aunque dicha interiorización pueda en sí misma facilitar a una persona el alcanzar el conocimiento de la impermanencia, en la práctica es necesario potenciar otros factores para perfeccionar esta clase de introspección. Esto es debido al hecho de que la mente está constreñida por muchas cadenas. El principal problema de esta persona no es solamente aferrarse a la permanencia, sino también comprender la independiente y objetiva realidad de las cosas. La interrelación de todos estos factores proporcionará, en definitiva, el desarrollo de la interiorización de la vacuidad.

Así pues, de lo que estamos tratando aquí es del complejo proceso de tránsito de una consciencia individual a la perfección.

P: ¿Podría ampliar su explicación acerca de lo que significa exactamente tomar refugio?

DL: La esencia de tomar refugio es desarrollar la profunda convicción en la eficacia del *dharma* como medio de liberación y como profunda aspiración o deseo de alcanzar dicha liberación.

En general, se dice que Buda es el maestro que nos muestra el camino, el *dharma* es el objeto de refugio real y el *sangha* son nuestros compañeros de camino. Así pues, la profunda convicción del *dharma* es la condición previa para desarrollar la fe y el respeto a Buda y el *sangha*.

En su comentario al *Compendio de la Verdadera Cognición*

(*Pramanavattika*), Dharmakirti[1] intenta demostrar racionalmente la validez y fiabilidad de considerar a Buda un maestro iluminado. La defensa de su argumentación reside en someter la propia doctrina de Buda a un profundo análisis y en demostrar la fiabilidad de sus enseñanzas respecto a las Cuatro Nobles Verdades, pues residen tanto en la reflexión como en la experiencia personal del maestro. No obstante, antes de reconocer a Buda como auténtico maestro, primero debemos aprehender la verdad del *dharma*.

Sólo en relación a áreas extremadamente oscuras puede esta lógica funcionar a la inversa. En otras palabras, las afirmaciones de Buda sobre algunos temas pueden ser asumidas como verdaderas directamente porque es un maestro de confianza. A esta afirmación, no obstante, sólo puede llegarse a través de un complejo proceso de reflexión. Para seguirlo, partimos de nuestra propia convicción acerca de la fiabilidad de la doctrina de Buda sobre las Cuatro Nobles Verdades, susceptibles de ser analizadas críticamente. Tras haber alcanzado consciencia de la validez de dichas verdades, desarrollaremos una profunda convicción de la fiabilidad de Buda como maestro. Puesto que Buda ha demostrado ser fiable y racional en áreas abiertas a la reflexión, confiamos en su testimonio por lo que a áreas más oscuras se refiere.

Así pues, el verdadero significado de tomar refugio en las Tres Joyas depende directamente del acto de tomar refugio en el *dharma*.

---

1. Famoso maestro budista del siglo VII. (*N. de la T.*)

P: ¿Cuál es la finalidad de tomar refugio a través de un ritual si también es posible hacerlo desde el fondo de nuestro propio corazón?

DL: El budismo cuenta con un gran número de preceptos o votos: los votos del *bodhisattva*,[1] los monásticos o de los *paratimoksha* y los preceptos personales, entre otros. Los del *bodhisattva* pueden ser tomados ante la representación de Buda (una estatua o pintura); no es necesaria, pues, la presencia de un guía. Sin embargo, para tomar los del *pratimoksha*, o los del budismo tibetano, necesitamos la presencia de una persona que garantice su continuidad. Quizá una de las razones primordiales sea que tomar los votos ante la presencia de un maestro o de cualquier otra persona nos proporciona un mayor sentido del compromiso. En otras palabras, refuerza nuestra propia consciencia y nos aporta un sentido de obligación personal.

P: Si vemos a alguien atraído por una acción equivocada que puede conducirle al sufrimiento, ¿deberíamos intentar prevenirle para que no la lleve a cabo, o nuestra intervención supondría alterar su propio *karma*? En otras palabras, ¿es mejor experimentar nuestro propio sufrimiento para aprender de éste?

DL: Como ha de saber, un budista practicante se compromete a seguir un modo de vida dedicado a ayudar al

1. Un *bodhisattva* es un ser que ha decidido guiar al resto de seres hacia la iluminación y que practica el camino del *bodhisattva* del *Mahayana*. (*N. de la T.*)

prójimo. En el más amplio sentido de la doctrina budista, cuando hablamos de ayudar a los demás nos referimos a ayudarles a encontrar su propia liberación a través del camino correcto, es decir, a comprometerse a llevar un modo de vida acorde con las leyes kármicas, evitar acciones negativas y potenciar las positivas. Así pues, en términos generales, cuando un budista advierte que alguien se decanta por acciones negativas, es correcto evitar que las lleve a cabo.

Sin embargo, esta predisposición plantea varias cuestiones. ¿Hasta qué extremo podemos imponer nuestra propia moral, o nuestros propios valores, a otra persona? Incluso podríamos preguntarnos si el precepto de vivir de acuerdo con la disciplina moral de evitar las Diez Acciones Negativas,[1] predicado por el propio Buda, no es también una forma de imponernos *sus* valores. En este sentido, no hay que olvidar que uno de los principios más importantes del budismo es la necesidad de ser sensible al contexto individual. Hay una narración que ilustra perfectamente este particular punto de vista.

Shariputra, uno de los jefes de los discípulos de Buda, sabía que si enseñaba la doctrina básica del *Shravakayana*[2] a un grupo de quinientos discípulos potenciales, éstos aprehen-

---

1. Las Diez Acciones Negativas que todo budista debe evitar son: matar, robar, mala conducta sexual (tres acciones del cuerpo), mentir, difamar, blasfemar, criticar (cuatro acciones de la palabra), codiciar, afán de venganza y sostener consideraciones falsas (tres acciones de la mente). (*N. de la T.*)

2. Vehículo de los oyentes basado en las Cuatro Nobles Verdades. (*N. de la T.*)

derían la verdad y llegarían a ser *arhats*.[1] Sin embargo, el *bo-dhisattva* llamado Manjushri intervino y les enseñó la doctri-na del *Mahayana*[2] acerca de la vacuidad. Los quinientos dis-cípulos interpretaron esa doctrina como el nihilismo total, como la negación de la validez de la totalidad de lo real. A partir de aquí, todos ellos desarrollaron puntos de vista erróneos acerca de la naturaleza del camino y de la realidad y, en consecuencia, se dice que crearon acciones kármicas que les condujeron a continuos renacimientos en los reinos más bajos de existencia.

Shariputra buscó a Buda y le explicó que si Manjushri le hubiera permitido guiar a esas quinientas personas, habrían alcanzado, si no la plena iluminación, altos estadios de co-nocimiento. Buda respondió diciendo que, de hecho, Man-jushri había puesto en práctica el principio de la habilidad. Manjushri sabía que aquellas personas, en un corto período de tiempo, iban a llevar a cabo acciones negativas basadas en sus erróneos puntos de vista, pero también sabía que al ha-ber implantado en sus consciencias la doctrina de la vacui-dad, aquella semilla maduraría y les conduciría a la ilumina-ción. En realidad les había ayudado a acortar el largo camino que conduce hasta la iluminación.

La moraleja que se desprende de esta narración es la si-guiente: mientras no logremos alcanzar el estado de ilumi-

1. Llegar a ser un *arhat* es el fin último del *Shravakayana*. Es una for-ma de nirvana. La palabra tibetana significa literalmente «el que ha do-minado a los enemigos», es decir, las emociones negativas. (*N. de la T.*)

2. Literalmente significa «el gran vehículo». Es el método utilizado por los *bodhisattvas*. (*N. de la T.*)

nación por nosotros mismos, es muy difícil, ante determinada situación, juzgar cuál es la respuesta correcta y cuál la incorrecta. En definitiva, cuando nos relacionamos con los demás, debemos hacer todo cuanto podamos para ser sensibles a cada situación particular.

P: Su Santidad, todos saben que usted es una persona muy ocupada y muy solicitada. ¿Podría aconsejar a un laico, con hogar, familia, trabajo y obligaciones, cómo desarrollar un patrón sistemático de la práctica del *dharma*?

DL: Mis amigos occidentales suelen preguntarme cuál es la forma más rápida, fácil, más efectiva y, por supuesto, más barata de practicar el *dharma*. En mi opinión encontrar esta vía es imposible. ¡Quizá esté fracasando en mi intento!

Debemos comprender que practicar el *dharma* es una experiencia que necesita llevarse a cabo durante las veinticuatro horas del día. Aunque establezcamos la diferencia entre las sesiones de meditación y los períodos de la posmeditación, la persona debería estar siempre inmersa en el reino de la práctica del *dharma*.

De hecho, podría decirse que los períodos de posmeditación son las auténticas pruebas que demuestran la fuerza de nuestra práctica. Durante la meditación recargamos nuestras energías para que, terminada la sesión, podamos enfrentarnos a las demandas de nuestra vida diaria. El verdadero propósito de recargar una pila es que cumpla con su finalidad, es decir, hacer que algo funcione. De igual modo, una vez equipados con la energía que nos proporciona cualquier tipo de práctica en la que nos hayamos comprometido, en tanto que seres humanos, no podemos evitar la rutina diaria de la vida. Es precisamente en estos períodos cuando deberíamos ser capaces de vivir de acuerdo con los principios de la práctica del *dharma*.

Por supuesto, en el estado inicial de cualquier principiante son necesarios períodos de meditación para consolidar la base de esta práctica. Sin embargo, una vez establecida, se es capaz de adoptar un modo de vida en el que la actividad diaria se ajuste a los principios del *dharma*. No hay que olvidar que esto supone un gran esfuerzo. En efecto, sin esfuerzo no hay posibilidad de integrar dichos principios en nuestras vidas.

Para un practicante, no obstante, el esfuerzo es superior. Pronunciar breves oraciones, entonar un cántico o recitar un *mantra*[1] al tiempo que pasamos un *mala* o rosario, no es suficiente. ¿Por qué no? Porque todas estas prácticas no transformarán nuestra mente. Las emociones negativas son tan poderosas que precisamos un esfuerzo constante para contrarrestarlas. Así pues, sólo podremos cambiar definitivamente si nuestra práctica es constante.

P: ¿Qué relación hay entre la compasión relativa y la compasión absoluta?

DL: Hay diversas formas de entender el significado de «compasión». Las distintas aproximaciones dependen de los

---

1. Manifestación de la suprema iluminación respresentada en sonidos. Sílabas utilizadas en las prácticas de visualización del budismo tibetano, *tantra*, para invocar a las divinidades de la sabiduría. (*N. de la T.*)

puntos de vista de los escritos del *Mahayana* o del *Vajraya-na.*[1] Por ejemplo, aunque ambas utilicen la misma palabra sánscrita, *karuna*, para referirse a la compasión, ésta no tiene el mismo significado.

Quizá la cuestión esté relacionada con la distinción que establecen las escrituras entre los distintos niveles de compasión. En el primer nivel la compasión es simulada. Éste es el estadio inicial, cuando es necesario practicar ciertas reflexiones con el fin de generarla. Como resultado de esta práctica se alcanza el segundo nivel, donde la compasión es natural y espontánea. Ésta es pues, una de las formas para comprender la diferencia entre la compasión relativa y la absoluta.

1. Conocida también como *Tantrayana*, la literatura del *Vajrayana* pertenece al budismo tibetano o *tantra*. (*N. de la T.*)

I

Introducción a las Cuatro Nobles Verdades

Retomemos ahora la doctrina budista de las Cuatro Nobles Verdades. La primera cuestión es por qué estas verdades se consideran fundamentales y por qué, de hecho, Buda las predicó.

Para responder a ello es necesario relacionar las Cuatro Nobles Verdades con nuestra propia experiencia como seres humanos individuales. El deseo innato de buscar la felicidad y superar el sufrimiento es, de hecho, algo connatural al ser humano. En realidad, más que de un deseo es una tendencia instintiva que no precisa ser corroborada. La felicidad es la meta que todos aspiramos alcanzar y, por supuesto, tenemos pleno derecho de satisfacer dicha aspiración. De igual modo, el sufrimiento es un estado que todos deseamos evitar, y también tenemos pleno derecho de superarlo. Así pues, si esta aspiración por alcanzar la felicidad y superar el sufrimiento es nuestro estado natural de ser y nuestra búsqueda natural, la pregunta obligada es: ¿cómo podemos conseguirlo?

La respuesta se encuentra en el contenido doctrinal de las Cuatro Nobles Verdades que brindan el conocimiento de la relación entre dos bloques de acontecimientos: las causas y sus efectos. Por una parte tenemos el sufrimiento, pero éste no proviene de la nada, sino que siempre es resultado de sus propias causas y condiciones. Asimismo, tenemos la felicidad, que también surge de su propio y particular conjunto de causas y condiciones.

Cuando hablamos de la felicidad en términos budistas no nos referimos a ella como estado emocional. En efecto, la cesación (la absoluta cesación del sufrimiento) no es un estado emocional y, sin embargo, podría argüirse que es la forma más álgida de la felicidad porque, por definición, consiste en la total liberación del sufrimiento. Pero la cesación, o verdadera felicidad, no surge espontáneamente de la nada, no es incondicionada. Éste es un tema muy sutil ya que, desde la perspectiva budista, la cesación no es un acontecimiento condicionado y, por tanto, no puede afirmarse que haya sido generada por causa alguna. No obstante, la actualización o consecución de la cesación depende de la senda y del esfuerzo individual. No se puede alcanzar la cesación sin realizar un esfuerzo personal. En este sentido es lícito afirmar que el camino que conduce a la cesación es la causa de la cesación en sí misma.

La doctrina de las Cuatro Nobles Verdades distingue claramente dos bloques de causas y efectos: aquellas causas que producen sufrimiento y aquellas que proporcionan la felicidad. Mostrando cómo distinguirlas en nuestra propia vida, el objetivo de esta doctrina no es más que posibilitar el logro de nuestra más alta aspiración: ser felices y superar el sufrimiento.

Una vez comprendida la razón por la que Buda predicó las Cuatro Nobles Verdades, cabe preguntarse por el porqué de su secuencia, es decir, por qué son expuestas en un orden particular que se inicia con el sufrimiento, continúa con el origen del sufrimiento y así sucesivamente. Llegados a este punto, deberíamos comprender que su orden de exposición no se corresponde con el orden temporal de aparición de las cosas y acontecimientos. En realidad, dicho orden está directamente relacionado con el modo cómo un individuo debe practicar el camino budista y alcanzar las aspiraciones que conlleva esta práctica.

En el *Uttaratantra,* Maitreya[1] señala cuatro estadios para curar la enfermedad: «Así como la enfermedad necesita ser diagnosticada, sus causas eliminadas, el estado de bienestar alcanzado y el remedio implementado, ocurre también con el sufrimiento, sus causas, su cesación y con el camino que debe ser conocido, restaurado, alcanzado y superado.»

Maitreya emplea la analogía de un enfermo para explicar cómo alcanzar las aspiraciones basadas en las Cuatro Nobles Verdades. Para que una persona enferma se recupere, el primer paso es que ésta conozca su dolencia; de lo contrario, el deseo de sanar jamás emergerá. Una vez tiene conocimiento

---

1. Literalmente significa «el Buda que viene». Es el quinto Buda de la actual era cósmica. Gran parte de las enseñanzas del *Mahayana* están inspiradas en él. *(N. de la T.)*

de su enfermedad, la persona tratará de descubrir la causa y cuál es el motivo de que su condición empeore. Cuando éstos han sido identificados, conseguirá comprender si su enfermedad es curable y, en consecuencia, sentirá el deseo de liberarse de ella. De hecho, no se trata de un mero deseo, porque una vez descubiertas las condiciones que la han conducido hasta la enfermedad, su deseo por liberarse de ésta será mucho más intenso si este conocimiento le proporciona confianza y convicción de que puede superarla. Con esta convicción, querrá tomar todos los medicamentos y remedios posibles para lograrlo.

Siguiendo el ejemplo anterior, si ignoramos nuestro sufrimiento jamás sentiremos el deseo de liberarnos de éste, algo que sin duda puede conseguirse. Así pues, si practicamos el budismo, lo primero que hay que hacer es reconocer nuestro actual estado como *duhkha* o sufrimiento, frustración e insatisfacción. Sólo conseguiremos buscar y hallar las causas y condiciones que determinan el sufrimiento si somos capaces de dar este primer paso.

Es de suma importancia comprender el contexto del énfasis que el budismo pone en reconocer que todos nos hallamos, inicialmente, en un estado de sufrimiento, de lo contrario se corre el peligro de malinterpretar el punto de vista doctrinal y, en consecuencia, pensar que éste entraña un pensamiento mórbido, un pesimismo básico o incluso una creencia obsesiva en la realidad del sufrimiento. La razón por la que Buda muestra tanto interés en desarrollar y profundizar en la naturaleza del sufrimiento no es otra que la existencia de su alternativa, es decir, la posibilidad de superarlo, de liberarse de él. En este punto reside, precisamente, la importancia de reconocer la naturaleza del sufrimiento, ya que cuanto más intensa y profunda sea la consciencia de éste más intensa será la aspiración de liberarse de él. Así pues, el hincapié que el budismo pone en la naturaleza del sufrimiento debe ser entendido dentro de esta amplia perspectiva en la que cabe una completa liberación de éste. Sin este concepto de liberación, la reflexión en torno al sufrimiento sería un sinsentido.

Como se ha dicho anteriormente, hay dos conjuntos de causas y efectos: uno en relación al proceso de existencia no-iluminada, en estrecha comunicación con la cadena causal entre el sufrimiento y sus orígenes: otro en relación al proceso de existencia iluminada que pertenece a los nexos causales entre el camino y la auténtica cesación. Cuando Buda se refiere a estos dos procesos lo hace a través de la doctrina que recibe el nombre de los Doce Eslabones del Origen Dependiente[1] o Doce *Nidanas*.

Los *nidanas* son los Doce Eslabones del ciclo de la existencia que van desde la ignorancia, volición, consciencia y así sucesivamente hasta la vejez y la muerte. Cuando el proceso causal de la existencia no-iluminada es descrito

1. Constituyen los doce ciclos de conexiones causales que atan a los seres al mundo del sufrimiento. Estos eslabones están dibujados alrededor de la famosa Rueda de la Vida budista, que ilustra los seis reinos del *samsara* y sus causas. Los Doce Eslabones son: ignorancia, volición o formaciones kármicas, consciencia, nombre y forma, los seis niveles de consciencia, contacto, sentimiento, deseo, apego, llegar a ser, nacimiento, vejez y muerte.

detalladamente, es decir, una vida inscrita en el marco del sufrimiento y sus orígenes, la secuencia de los Doce Eslabones comienza con la ignorancia, procede con la volición, la consciencia, etc. Esta secuencia describe cómo un ser individual senible, como resultado de ciertas causas y condiciones, entra en el proceso de existencia no-iluminada.

Sin embargo, si este mismo individuo se compromete a seguir ciertas prácticas espirituales, podrá cambiar este proceso y la secuencia alternativa será el proceso que le conducirá a la iluminación. Por ejemplo, si el estado de ignorancia es superado, las acciones volitivas cesarán. Si éstas cesan, la consciencia que guía estas acciones también y así sucesivamente.

Como se advierte, la doctrina de los Doce Eslabones del Origen Dependiente es, en cierto sentido, una elaboración detallada de los dos conjuntos de causas y condiciones descritas en las Cuatro Nobles Verdades.

IV

LA VERDAD DEL SUFRIMIENTO

La primera de las Cuatro Nobles Verdades es la verdad del sufrimiento.

Las distintas escuelas filosóficas budistas no consideran el término «verdad» de la misma forma. Por ejemplo, entre la escuela *Prasangika-Madhyamaka* y la *Shravakayana* la diferencia radica en la distinción que ambas establecen entre los seres ordinarios y los *arya* o seres superiores. En este sentido, mientras la segunda establece tal distinción en función de la aprehensión individual de la intuición interior, la primera no acepta este criterio porque sostiene que incluso los seres ordinarios son capaces de comprender intuitivamente las Cuatro Nobles Verdades. No obstante, en lugar de profundizar en los distintos matices de ambas argumentaciones —lo que sin duda dificultaría nuestra explicación—, pasaremos a analizar el significado del *duhkha* o sufrimiento. En este contexto, el *duhkha* constituye la base de toda experiencia dolorosa y se refiere, generalmente, a nuestro estado existencial condicionado por el *karma,* las

desilusiones y emociones aflictivas. Como Asanga[1] sostiene
en el *Compendio del Conocimiento (Abhidkarmasamuchchaya),*
el concepto *duhkha* abarca tanto el entorno en que vivimos
como a los seres que viven en él.

LOS TRES REINOS DEL SUFRIMIENTO

Para comprender el entorno en que viven los seres no-ilu-
minados, debemos analizar brevemente la cosmología budista. Según esta doctrina, hay tres reinos de existencia: el
del deseo, el de la forma y el de lo informe.

El problema general, para la mayoría de nosotros, radica
en cómo entender estos tres reinos y, en concreto, cómo concebir los reinos de la forma y de lo informe. Para un budista, decir que Buda se refirió a ellos en las escrituras no es razón ni necesaria ni suficiente para justificar su existencia.
Quizá la mejor aproximación para comprender estos reinos
es analizarlos en función de los distintos grados de consciencia. Por ejemplo, según el budismo, la verdadera distinción entre una existencia iluminada y una no-iluminada se
asienta sobre la base de los respectivos niveles de consciencia. Una persona cuya mente es indisciplinada e indómita se
halla en el estado de *samsara*[2] o sufrimiento; la que ha lo-

---

1. Gran maestro indio del siglo IV, defensor de la escuela *Chittamatra.*
2. Ciclo de la existencia no-iluminada en el que los seres, determinados por las emociones negativas y el *karma,* pasan por diferentes estados de renacimiento. La base del *samsara* o sufrimiento es la ignorancia. (*N. de la T.*)

grado disciplinar y entrenar su mente se encuentra en el estado de *nirvana* o paz absoluta.

Sobre la base de los respectivos niveles de consciencia o grados de comprensión se consolida también la distinción entre los seres ordinarios y los *arya*. Quienquiera que haya logrado una aprehensión intuitiva de la vacuidad o de la naturaleza absoluta de la realidad es llamado, según el *Mahayana*, un *arya*; mientras que alguien incapaz de alcanzar dicha comprensión es sólo un ser ordinario. En este sentido, y en relación directa con los tres reinos, cuanto más sutil sea el nivel de consciencia adquirido por un individuo, más sutil será el reino de existencia en el que habite.

Por ejemplo, si el modo ordinario de ser de una persona se circunscribe en el contexto del deseo y el total apego a los objetos materiales —es decir, tiende a depender de todo aquello que percibe, ya sean formas deseables o sensaciones placenteras—, se hallará siempre confinada en el reino del deseo. Sin embargo, las personas capaces de trascender su apego por los objetos de la percepción inmediata y de las sensaciones físicas, pero que todavía siguen apegados a estados internos de alegría o felicidad, crearán causas que les conducirán a futuros renacimientos donde la existencia física alcanzará una forma más perfeccionada.

Consideremos ahora a aquellos que trascienden no sólo su apego a las sensaciones físicas sino también a las sensaciones internas de alegría y felicidad. Esta clase de personas tiende más a un estado de ecuanimidad. Su nivel de consciencia es mucho más sutil que el de los otros dos y, no obstante, siguen todavía apegados a un particular modo de ser.

Así, mientras que los distintos niveles de su mente pueden conducirles al cuarto estadio del reino de la forma, su ecuanimidad les guiará hasta el reino de lo informe.

Sobre la base de esta cosmología, el budismo se refiere al proceso infinito del universo: llegar a ser y atravesar un proceso de desintegración para, de nuevo, volver a ser. Este proceso debe ser entendido en relación a los tres reinos. Según los textos del *Sarvastivadin Abhidharma*[1] (los discursos budistas sobre metafísica y psicología que sirven de referencia al budismo tibetano), el mundo está sujeto al continuo proceso de integración y desintegración a partir del tercer estadio del reino de la forma. Sin embargo, en el cuarto estadio y en los estadios superiores, el mundo está más allá de este proceso, al que podríamos llamar evolución del universo físico.

Este proceso infinito de evolución es muy similar a la moderna teoría del Big Bang. Si la teoría cosmológico-científica del Big Bang acepta una única explosión como acontecimiento inaugural del universo, no se ajusta con la cosmología budista básica. En este caso, los budistas tendrían que hallar la forma de explicar por qué el Big Bang no contradice la idea budista del proceso evolutivo del universo. Sin embargo, si la teoría del Big Bang acepta una multiplicidad de explosiones, sigue la misma línea de la explicación budista del proceso evolutivo.

---

1. Las enseñanzas tempranas del budismo están divididas en: *Vinaya* o código de disciplina, *Sutras* o discursos de Buda y *Abhidharma,* que son los comentarios y literatura filosófica compuesta por diversos maestros budistas. (*N. de la T.*)

El *Sarvastivadin Abhidharma* también debate las formas concretas en que el universo se desintegra al final de cada ciclo. Cuando el universo físico es destruido por el fuego, sólo lo es por debajo del primer nivel del reino de la forma; cuando es destruido por el agua, se disuelve desde el segundo nivel del mismo reino; cuando es destruido por el aire, lo es a partir del tercer nivel. Así pues, en la cosmología budista, la evolución del universo físico es entendida en relación a los cuatro elementos: fuego, agua, aire y tierra, a los que, normalmente, añadimos un quinto, el espacio. En el *Abhidharma* y también en el *Uttaratantra* hallamos análisis pormenorizados de la mecánica de la disolución de estos elementos, que tienen bastante en común con las más modernas teorías científicas.

No obstante, las afirmaciones del *Abhidharma* no tienen que ser asumidas dogmáticamente al pie de la letra. Por ejemplo, según el *Abhidharma,* en el centro del universo se halla el monte Meru rodeado por cuatro continentes. Por otra parte, las descripciones que hallamos en estos escritos acerca del tamaño del sol y la luna contravienen las modernas explicaciones científicas. Si la ciencia ha demostrado empíricamente que todas estas explicaciones eran infundadas, es más que obvio que tenemos que aceptar sus conclusiones.

Hasta aquí hemos perfilado brevemente cómo el budismo entiende la evolución del universo físico o, en su sentido más amplio, el entorno. Por lo que a los seres sensibles que habitan dicho entorno se refiere, el budismo distingue varios tipos. Hay seres con formas corporales y seres informes. Incluso en el mundo que nos es familiar, hay seres perceptibles por nuestros sentidos y seres imperceptibles, como los del mundo espiritual.

En general, el budismo sostiene que la forma ideal de existencia es la del ser humano por ser la más propicia para practicar el *dharma*. Así pues, comparados con los seres humanos, los espíritus serán considerados inferiores porque esta forma de existencia es menos efectiva para la práctica del *dharma*. Es posible que los seres espirituales posean habilidades que nosotros jamás lograremos alcanzar, como ciertos poderes de precognición o incluso sobrenaturales; sin embargo, estos seres forman parte del mismo mundo en que viven los seres humanos. Todos los seres de este mundo están determinados por la ignorancia y las emociones aflictivas. En cierto sentido, podría decirse que son fruto de ellas.

El lama Tsonghkapa describe vívidamente la existencia no-iluminada de los seres sensibles que se hallan en el estado de *samsara*. Supongamos que alguien está fuertemente atrapado por la red del *karma* negativo, las desilusiones, emociones aflictivas y los pensamientos. Constreñido por la red de su ego, está destinado a vagar sin rumbo por las corrientes fluctuantes del sufrimiento y el dolor.

LAS TRES CLASES DE SUFRIMIENTO

Ahora hemos de determinar cuál es el significado de *duhkha*, en otras palabras, responder a la pregunta ¿qué es el sufrimiento?

El budismo describe tres niveles o clases de sufrimiento: el primero es «el del sufrimiento»; el segundo, «el del cambio»; y el tercero, «el del condicionamiento».

Cuando nos referimos al primero, nos referimos, en términos convencionales, a aquellas experiencias que solemos calificar como dolorosas. El budismo contempla cuatro experiencias principales de esta clase de sufrimiento que a su vez son consideradas los cuatro fundamentos de la vida sujeta al *samsara:* el dolor del nacimiento, el de la enfermedad, el del envejecimiento y el de la muerte. La importancia del reconocimiento de estos cuatro estados como formas de sufrimiento, y de este reconocimiento como catalizador para la búsqueda espiritual, está ampliamente demostrada y justificada por la vida del propio Buda. Según la historia, cuando era el joven príncipe Siddhartha, Buda vio con sus propios ojos a una persona enferma, un anciano y un cadáver. El impacto de estas tres visiones cargadas de sufrimiento le condujo al reconocimiento de que mientras no lograra liberarse del proceso infinito del nacimiento, estaría siempre sometido a estas tres clases de sufrimiento. Sin embargo, tras la visión de un aspirante espiritual, Buda comprendió que existía una posibilidad de liberarse de este ciclo de sufrimiento.

Así pues, el budismo sostiene que mientras nos hallemos sometidos al proceso de renacimientos, las demás formas de sufrimiento serán su consecuencia natural. En este sentido nuestra vida se caracteriza por estar inmersa en el ciclo del nacimiento y la muerte, que conlleva los sufrimientos relacionados con la enfermedad y la vejez.

El segundo nivel del sufrimiento, «el del cambio», se refiere a aquellas experiencias que normalmente calificamos de placenteras. Sin embargo, mientras estemos inmersos en el estado de no-iluminación, todas nuestras experiencias agradables sólo nos proporcionarán sufrimiento.

¿Por qué el budismo sostiene que semejantes experiencias, aparentemente placenteras, son en última instancia estados de sufrimiento? La clave radica en que los percibimos como estados placenteros o agradables sólo porque, en comparación con las experiencias dolorosas, nos proporcionan alivio. Sin embargo, el placer de dichas experiencias es sólo relativo. Si en realidad fueran estados de felicidad en sí mismos, al igual que las experiencias dolorosas posibilitan ahondar en las causas que conducen al sufrimiento, conocer las causas de las experiencias placenteras debería aumentar nuestro placer o felicidad, pero de hecho no es así.

En la vida cotidiana, por ejemplo, si se disfruta de buena comida, ropa, joyas y demás artículos de consumo, durante un corto período de tiempo uno se siente realizado y satisfecho consigo mismo y con los demás. Sin embargo, a medida que va pasando el tiempo, el mismo objeto que en su día nos proporcionó placer puede convertirse en la causa de nuestra frustración. Esto es debido al proceso de cambio al que está sujeta la propia naturaleza de las cosas. Ocurre exactamente lo mismo cuando, en lugar de un objeto material, se disfruta de fama. Al principio es posible que uno piense «¡Oh, soy tan feliz ahora que tengo renombre y fama!», pero al final tal vez lo único que sienta sea frustración e insatisfacción. El mismo tipo de cambio puede darse tanto en la amistad como en las relaciones sexuales. La locura inicial de la pasión puede llegar a convertirse no sólo en odio y agresividad, sino incluso, en el peor de los casos, conducir al asesinato. Así es la naturaleza de las cosas. Si lo analizamos detalladamente, observaremos que todo lo bello y bueno, todo lo que consideramos deseable, en lugar de felicidad termina proporcionándonos sufrimiento.

Finalmente, el tercer tipo de sufrimiento, «el del condicionamiento», conduce a una pregunta fundamental: ¿por qué la naturaleza de las cosas es el cambio? Porque todo lo que tiene lugar en el estado de *samsara* se debe a la ignorancia. Bajo el influjo de la ignorancia no hay posibilidad de alcanzar un estado permanente de felicidad. Mientras estemos sujetos al poder de la ignorancia, nuestro mal conocimiento o confusión acerca de la naturaleza de las cosas hará que el sufrimiento se expanda en nuestras vidas como las ondas en el agua.

El tercer nivel de sufrimiento se refiere directamente a nuestro estado no-iluminado de existencia, sometido a la influencia de esta confusión y a la de los *karmas* negativos que la generan. Si este sufrimiento recibe el calificativo de condicionado es debido a que este estado de existencia constituye la base no sólo de las experiencias dolorosas de esta vida, sino también de las causas y condiciones de futuros sufrimientos.

Dharmakirti en su *Comentario del Compendio de la Verdadera Cognición (Pramanavarttika)* y Aryadeva[1] en *Los Cuatro-*

---

1. Discípulo de Nagarjuna y autor de importantes comentarios. (*N. de la T.*)

cientos Versos sobre la Vía Media (Chatunhshatakashastrakari-ka), ofrecen una forma práctica de contemplar este tercer nivel de sufrimiento y una profunda ayuda para entenderlo. Ambos trabajos ponen especial énfasis en la reflexión acerca del sutil nivel de impermanencia, de la efímera naturaleza de la realidad.

Al hablar de impermanencia es importante no olvidar que dicho concepto cuenta, en este contexto, con dos acepciones distintas. En primer lugar puede ser entendida como el proceso que tiene lugar cuando algo emerge, permanece durante un tiempo y luego desaparece. En este nivel de impermanencia, la desintegración de cualquier cosa requiere una condición secundaria que interrumpa su continuidad. Sin embargo, hay una segunda forma de entender el concepto de impermanencia. Desde esta perspectiva, mucho más sutil que la primera, el proceso de cambio descrito anteriormente no es más que el efecto inmanente de un proceso de cambio mucho más profundo y dinámico. En este sentido, todo cuanto es y existe está sometido constantemente a cambio. Pero este proceso de cambio temporal no es debido a una causa secundaria que condiciona el nacimiento y perecer de algo, sino que la misma causa que la hace emerger, es a su vez la causa de su destrucción. En otras palabras, la causa del origen de las cosas contiene en sí misma la causa de su cesación.

Así pues, la temporalidad debe ser entendida de dos formas. En primer lugar, como resultado de los tres períodos o instantes de existencia de una entidad: nacimiento, permanencia y desintegración. En segundo lugar, desde cada uno de estos instantes en sí mismos. Un instante no es estático, tan pronto emerge tiende necesariamente a su propia cesación.

Dado que todo emerge a partir de un estado inicial, el nacimiento de las cosas conlleva la potencialidad de su propio perecer. En este sentido, podría decirse que su cesación no depende de ninguna causa secundaria o extrínseca. Es más, la doctrina budista sostiene que todos los fenómenos están determinados por sus propias causas.

Una vez comprendido el auténtico significado de la impermanente naturaleza de los fenómenos, ya es posible ubicar la comprensión del *duhkha* en este contexto y reflexionar acerca de la existencia desde la propia individualidad. Es decir, llegados a este punto se es consciente de que, dado que el mundo ha emergido como resultado de sus propias causas y condiciones, está a su vez determinado por éstas. En otras palabras, está sometido al control del proceso causal que determinó su aparición. Sin embargo, en el contexto del *samsara*, las causas a que nos hemos referido son nuestra confusión mental o ignorancia (*magripa* en tibetano) y los distintos estados de ignorancia en los que emerge dicha confusión. Si estamos dominados por la ignorancia jamás habrá lugar para la alegría o la felicidad. Si bien en los tres reinos hay estados comparativamente más felices que otros, mientras permanezcamos sumidos en el ámbito del *samsara* nunca lograremos la dicha total. Ya nos hallemos en el reino de la forma, de lo informe o del deseo, seguiremos inmersos en el estado de *duhkha*, verdadero significado del tercer tipo de sufrimiento.

LA IGNORANCIA

La palabra sánscrita para definir la ignorancia o la confusión es *avidya*, literalmente «no saber». Las distintas interpretaciones del *avidya* están determinadas por las diversas concepciones que cada una de las escuelas filosóficas budistas defiende en torno a la doctrina fundamental del *anatman* o no-identidad. Sin embargo, el significado genérico, común a todas las escuelas, es la aceptación de que la ignorancia subyace en las raíces de nuestra existencia. La razón de esta afirmación es muy sencilla. Todos sabemos por experiencia que nuestra máxima aspiración en la vida es alcanzar la felicidad y evitar el sufrimiento. Sin embargo, nuestras acciones y nuestro comportamiento, en lugar de conducirnos al estado ideal de felicidad, aumentan nuestro sufrimiento. Esto debe significar que nuestro ámbito de acción está determinado por la ignorancia y el motivo por el cual en nuestra vida subyace la confusión.

Una forma de reflexionar acerca de la naturaleza del *duhkha*, según las escrituras budistas tradicionales, es hacerlo en función de los diferentes grados de sufrimiento inscritos en cada uno de los seis reinos[1] del *samsara*. Para algunas personas esta clase de reflexión puede potenciar su deseo por li-

---

1. Según el budismo tibetano hay seis reinos del sufrimiento, cada uno dominado por un veneno mental particular. El reino del infierno (odio), el animal (ignorancia), el de los fantasmas hambrientos (mezquindad), el humano (deseo), el del semidiós o *asura* (celos) y el de dios (orgullo). (*N. de la T.*)

berarse del sufrimiento. Sin embargo, para otras (entre las que me incluyo), puede ser más efectivo reflexionar acerca de nuestro propio sufrimiento humano. Aunque el budismo sostenga que la vida humana es una de las formas más positivas de existencia debido a que poseemos la potencialidad de alcanzar la iluminación, no siempre es la más dichosa. Por participar de esta forma de existencia estamos inevitablemente sujetos al sufrimiento del nacimiento, la enfermedad, la vejez y la muerte. Además, cuando se reflexiona acerca del hecho innegable de que la vida está condicionada y dominada por la confusión, la ignorancia y los pensamientos que favorecen dicha confusión, me parece mucho más efectivo asumirlo que pensar acerca de los sufrimientos de los otros reinos.

Como anteriormente mencioné, las escrituras budistas describen el proceso causal a través del cual la ignorancia potencia los actos volitivos, como los Doce Eslabones del Origen Dependiente. Sobre este particular, el propio Buda desarrolló tres reflexiones: «Porque existe esto, se sigue esto. Porque esto ha llegado a ser, ha llegado a ser. Porque la ignorancia fundamental existe, los actos volitivos llegan a ser.»

Cuando, en el *Compendio del Conocimiento*, Asanga comenta estas tres afirmaciones, señala que son las tres condiciones necesarias para el nacimiento de cualquier cosa. En este sentido, considero imprescindible comprender el significado exacto de dichas condiciones.

«Porque existe esto, se sigue esto.» Asanga explicitó que el significado de esta primera sentencia es que todos los fenómenos llegan a ser debido a sus propias causas. Se podría decir que hay una cadena causal infinita, pero no por ello una primera causa o punto de partida temporal del que emergen todas las cosas. Asanga llama a este axioma la *condición de la existencia de la causa*.

«Porque esto ha llegado a ser, esto ha llegado a ser.» Comentando la segunda sentencia, Asanga introdujo lo que llamó *condición de impermanencia*. El significado dé ésta se asienta sobre la afirmación de que la mera existencia de algo no es motivo suficiente para que a su vez produzca un efecto. Para que algo pueda producir un efecto debe estar sometido a la causalidad; en otras palabras, debe llegar a ser en sí mismo como consecuencia de infinitas causas ajenas a su propio ser. Así pues, la mera existencia por sí sola no conlleva consecuencias; una causa no debería sólo existir, sino que también debería ser impermanente y estar sometida a la causalidad.

«Porque la ignorancia fundamental existe, los actos volitivos llegan a ser.» En relación a esta afirmación, Asanga sostiene que el requisito necesario para que una causa produzca un efecto es la llamada *condición de la potencialidad*. La idea es que, para que una causa genere un resultado particular, no es suficiente que exista y sea impermanente. Dado que es imposible para una causa producir algo o nada a la vez, debe existir algún tipo de correlación natural entre la causa y su efecto. Por ejemplo, debido a que la naturaleza de nuestra vida es el sufrimiento, deseamos la felicidad, a pesar de que, por culpa de nuestra ignorancia, generemos más sufrimiento, ya que éste subyace en las raíces de nuestra vida.

El resultado que obtenemos está, pues, en correlación d...... ta con su causa.

En definitiva, para que algo emerja son necesarias tres condiciones: la existencia de una causa, que ésta sea impermanente y que, a su vez, esté en correlación con el efecto.

Así pues, ¿cómo debemos entender la relación causal entre la ignorancia y los actos volitivos? El budismo prosigue con un riguroso análisis de las relaciones causales en general y sus escrituras contienen muchas discusiones acerca de los diferentes tipos de causas y condiciones. Sin embargo, destacan dos clases de causas principales: una es la conocida como causa material o sustancial; las otras se engloban dentro de la llamada causa eficiente. Por causa material entendemos la sustancia material convertida en efecto, por ejemplo, la continuidad física de cualquier entidad física. Son necesarios otros muchos factores que permitan el tránsito entre una causa y su efecto, y los llamamos causas eficientes.

A decir verdad, hay distintas formas a partir de las cuales las condiciones tienen como efecto un resultado. Dichas formas están íntimamente relacionadas con el complejo funcionamiento de la mente. Las escrituras budistas identifican cinco tipos de condiciones que reciben el nombre de condiciones objetivas por cuanto se refieren al objeto de la percepción. No cabe duda de que la comprensión budista de la causalidad es bastante compleja.

Utilicemos el fuego como ejemplo. ¿Cuál sería la causa material del fuego? Podría decirse que en el combustible empleado para producirlo existe una potencialidad que genera, en consecuencia, el fuego. Por lo que a la consciencia se refiere, el tema es más complejo de explicar. Por ejemplo, es obvio que todos necesitamos los órganos sensoriales para experimentar percepciones sensoriales. Por supuesto, las bases físicas de la consciencia incluyen también al sistema nervioso, aunque en las escrituras budistas clásicas haya apenas discusión alguna acerca de este punto, por lo que quizá sería necesario añadirlo a las teorías epistemológicas y psicológicas budistas tradicionales. Sin embargo, la causa sustancial de la consciencia no serían estas entidades físicas. Ésta debe ser entendida en relación a su propia continuidad, tanto en la forma de una potencialidad o de una propensión. Este tema resulta bastante complejo, pero quizá sea clarificador decir que la causa sustancial de la consciencia puede ser entendida como la continuidad de la consciencia imperceptible, si bien no debemos caer en una posición que implique que la causa material de cualquier entidad es exactamente igual a la cosa en sí misma. Esta afirmación sería del todo insostenible. No podemos afirmar, por ejemplo, que las causas sustanciales de las percepciones sensoriales sean las propias percepciones sensoriales, porque la consciencia sensorial es un nivel de consciencia contingente debido a que pertenece a los órganos físicos del individuo, mientras que la continuidad debería ser entendida dentro del nivel más sutil de consciencia. Así pues, quizá sería mejor decir que las causas sustanciales de la consciencia están presentes bajo la forma de potencialidades, en lugar de hablar de estados actualizados de consciencia.

LA CONSCIENCIA

Cuando hablamos de consciencia, o *shespa* en tibetano, no lo hacemos en relación a una entidad simple, unitaria o monolítica. Nos referimos, por supuesto, a la consciencia mental que, según la psicología budista,[1] contiene seis niveles.

En términos generales, cuando intentamos analizar nuestra mente a través de la instrospección, hallamos que ésta tiende a estar dominada tanto por pensamientos discursivos como por sentimientos y sensaciones. Así pues, examinemos cómo estos sentimientos y pensamientos discursivos tienen lugar en nuestra mente.

Los sentimientos pueden ser considerados en relación a dos dimensiones de realidad. Podemos hablar de ellos en tanto que sensaciones si están integrados en el nivel físico. Sin embargo, cuando tratamos de comprenderlos en términos de consciencia mental, resulta bastante más complejo. Y a pesar de que naturalmente aceptemos que deben existir conexiones entre la consciencia y el sistema nervioso corporal, debemos también, de alguna manera, ser capaces de considerar niveles de sentimientos más profundos, o lo que podríamos denominar niveles de experiencia.

---

1. La psicología budista basa el proceso de la percepción en seis facultades: vista, oído, olfato, gusto, tacto y pensamiento. Cada una de estas facultades está relacionada con su correspondiente órgano sensorial (ojo, oído, nariz, lengua, cuerpo y mente) y con una consciencia que funciona específicamente con cada uno de estos órganos. Hay, pues, seis sentidos de consciencia, siendo el sexto la consciencia mental. (*N. de la T.*)

Me gustaría puntualizar que, a pesar de las escasas y rudimentarias investigaciones llevadas a cabo en esta área concreta, los experimentos realizados al respecto no se ajustan al paradigma científico actual. Éstos han demostrado que, sin ningún cambio físico voluntario del cuerpo y sin ningún movimiento físico por parte del individuo, una persona puede alterar su estado psicológico utilizando sólo el poder de su mente. Los cambios psicológicos que tienen lugar son difíciles de explicar desde las teorías fisiológicas actuales.

No hay duda de que nuestra consciencia, y todas nuestras experiencias, están supeditadas a nuestro cuerpo, por lo que la mente y el cuerpo humanos son, en este sentido, inextricables. No obstante, las investigaciones a las que antes hacíamos mención, parecen apuntar hacia la posibilidad de que la mente humana posea un poder que puede ser mejorado a través de la reflexión y la meditación. Por otra parte, en el ámbito de la medicina moderna existe el creciente reconocimiento del poder de la voluntad en los procesos curativos. La voluntad de una persona afecta, sin duda, su fisiología. Pero ¿cómo se desarrolla dicha voluntad? Es posible hacerlo considerando algo detenidamente y descubriendo las bases racionales de nuestra comprensión, o también a través de la meditación. Sea cual sea el método utilizado, hoy en día se acepta que la voluntad puede cambiar el estado físico de un individuo.

Se acepta científicamente que todos los pensamientos que tienen lugar en nuestra mente surgen a consecuencia de cambios químicos y movimientos cerebrales que se manifestarán posteriormente a través de cambios fisiológicos. ¿El pensamiento puro puede también propiciar estos efectos físicos? Si es así, ¿la existencia del pensamiento se debe sólo a los cambios de nuestro cuerpo o de nuestro cerebro? En varias ocasiones he preguntado a los científicos si el pensamiento puro puede ser la causa del proceso de la existencia y si hay alguna posibilidad de que el pensamiento cause los cambios químicos que a su vez provocan cambios fisiológicos. Según los especialistas, dado que se asume que la consciencia depende de una base física (el cerebro), cualquier pensamiento debe de ser causado necesariamente por los cambios químicos ocurridos en él. En mi opinión, esta hipótesis, en lugar de estar basada en pruebas experimentales, se formula a partir de prejuicios científicos. Considero que la pregunta sigue todavía abierta, que es necesario seguir investigando y, en particular, teniendo en cuenta a los expertos en el arte de la meditación.

Los textos del *Vajrayana* contienen largas deliberaciones acerca de la existencia de diferentes niveles de consciencia y cómo éstos se corresponden a niveles sutiles de energía. Soy de la opinión de que estas explicaciones pueden contribuir en gran medida a nuestra comprensión de la naturaleza de la mente y sus funciones.

Como hemos apuntado anteriormente, nuestra mente consciente está relacionada tanto con los objetos de los que hemos tenido experiencia en el pasado (el conjunto de experiencias pasadas conforman nuestra consciencia presente), como con cierto tipo de sentimientos o sensaciones. En este sentido, resulta muy difícil vislumbrar la verdadera naturaleza de la consciencia, que se corresponde con el estado puro de conocimiento o total luminosidad de la mente. Una de las posibles técnicas a utilizar para aprehender dicho estado es la meditación. Con ésta liberamos nuestra mente de los pensamientos de experiencias pasadas y de cualquier forma de anticipación del futuro, para permanecer en el instante presente, aunque en realidad no pueda hablarse de la consciencia presente.

Cuando se es capaz de eliminar los pensamientos del pasado y del futuro, nuestro ser adquiere gradualmente consciencia del espacio que media entre los dos. Aprendemos, pues, a permanecer en el momento presente. Desde ese espacio empezamos a aprehender la vacuidad. Si logramos permanecer durante largos períodos en este estado de vacuidad, aprehenderemos lentamente la naturaleza de la consciencia en sí misma, que es la pura luminosidad. A través de la práctica continuada de la meditación, este período puede alargarse hasta alcanzar una aprehensión mucho más nítida de la naturaleza de nuestra consciencia.

Sin embargo, es importante tener en cuenta que esta experiencia de la luminosidad de la mente, de la naturaleza de la mente, no es una profunda aprehensión en sí misma. Renacer en distintos niveles del *samsara* del reino de lo informe es el resultado de haber permanecido en dicho estado de luminosidad. Por otra parte, si sabemos utilizar esta experiencia inicial de luminosidad como base, podremos complementar nuestra meditación con otras prácticas para que llegue a ser verdaderamente profunda.

Hasta aquí hemos explicado cómo podemos interpretar las enseñanzas de Buda en relación a la verdad del sufrimiento. Una vez desarrollada la comprensión de la naturaleza del *duhkha* se logra también comprender que la raíz del sufrimiento es la ignorancia. Y esto, por supuesto, nos conduce a la segunda verdad, el origen del sufrimiento.

Pregunta

P: Su Santidad, si los seres corporales son impermanentes debido a su compleja naturaleza física, ¿se podría decir que los seres espirituales son permanentes porque carecen de sustancia física?

DALAI LAMA: Tomemos como ejemplo a un ser informe, es decir, un ser que, según el budismo, pertenece al reino de lo informe. A diferencia de los seres del reino del deseo o del reino de la forma, este ser sensible no está sujeto al proceso natural de decadencia propio de los seres corporales, sin embargo es impermanente porque, mientras permanece en el reino de lo informe, su existencia es limitada. Dado que su existencia tiene un principio y un final, se halla determinada por el proceso de cambio.

Sin embargo, si nos referimos a un ser que haya alcanzado el estado de *moksha* y se haya convertido en un *arhat*, la situación es distinta. De igual modo, los *bodhisattvas* que se hallan en un alto nivel de comprensión (desde el octavo nivel en adelante) no están sujetos al proceso de envejecimiento. En cierto sentido podría decirse que, desde el punto de vista de la continuidad de la consciencia, para este tipo de seres existe un sentido de permanencia. Por otra parte,

en las escrituras se dice de estos seres que poseen una forma mental en lugar de corporal. Debemos destacar que esta
forma mental es muy distinta del «cuerpo mental» descrito
en el *Vajrayana* en relación a los estados posteriores a la
muerte.

III

La verdad del origen del sufrimiento

En el capítulo anterior hemos considerado nuestro deseo común de alcanzar la felicidad y superar el sufrimiento, y cómo, a pesar de albergar esta aspiración natural, tendemos a generar condiciones que aumentan nuestro estado aflictivo, pues no conocemos la forma de crear las causas que nos conduzcan hasta la felicidad. Asìmismo, hemos descubierto que la base de semejante situación es la confusión o, en terminología budista, la ignorancia. Pero dicha confusión no sólo es aplicable a la forma de ser de las cosas, sino también a la forma en que se relacionan mutuamente las causas y los efectos. Por consiguiente, el budismo contempla dos tipos de ignorancia, o *avidya*: la ignorancia de las leyes de causalidad, específicamente las leyes del *karma*, y la ignorancia de la naturaleza última de la realidad. Ambas, como hemos señalado en el primer capítulo, están relacionadas respectivamente con los dos niveles de comprensión del origen dependiente de la realidad. El conocimiento del primer nivel partía de la concepción de dependencia causal, que disipa nuestra ignorancia respecto a las leyes de causalidad. Pero el nivel más profundo correspondía al conocimiento de la naturaleza última de la realidad, desde el que podemos superar nuestra fundamental ignorancia.

Sin embargo, esto no significa que la ignorancia sea la única causa de nuestra existencia no-iluminada. En realidad, este tipo de existencia es debido a muchas causas y condiciones derivadas, llamadas *kleshas*. Las *kleshas*, es decir las emociones y los pensamientos aflictivos, están detalladamente descritas en el *Abhidharma*. Según éste, existen seis raíces de emociones y pensamientos aflictivos, de las que surgen, a su vez, veinte clases secundarias. El *Abhidharma*, en consecuencia, presenta una explicación exhaustiva del mundo de las emociones y los pensamientos.

En los textos del *Vajrayana* hay otra explicación del proceso del sufrimiento. Se detallan ochenta clases de pensamientos que condicionan nuestro estado de no-iluminación. Por otra parte, en el *Kalachakra*, que pertenece al *Vajrayana*, se identifican las causas de la existencia en el reino del *samsara* en términos de propensiones o disposiciones naturales.

Las emociones y los pensamientos aflictivos que emergen de nuestra ignorancia turban nuestra mente y provocan actos volitivos. En este sentido, pues, el origen de nuestro sufrimiento es la suma de dicha ignorancia y de los actos determinados por el *karma*.

EL *KARMA*

Categorías de la acción kármica

Si antes hemos definido el *klesha*, es preciso hacer lo propio con el concepto *karma*.[1] Recordemos que el término pertenece al contexto de la comprensión budista de las leyes naturales de causalidad. Es decir, es una instancia particular de las leyes causales que operan en el universo, donde las cosas y acontecimientos llegan a ser a consecuencia de la combinación de causas y condiciones.

Así pues, el *karma* es una instancia de la ley universal de causalidad. En tanto que elemento integrante de dicha ley, su importancia radica precisamente en que implica una acción intencional y, por tanto, un agente. El proceso causal natural que opera en el universo no puede llamarse kármico cuando no existe agente alguno que lleve a cabo la acción. Para que un proceso causal reciba tal apelativo debe implicar un sujeto cuya intención conduzca a una acción particu-

---

1. El término *karma* procede de la palabra sánscrita *karman* y su significado literal es «acción». En la filosofía india tiene tres significados. El primero identifica el *karma* como acción ritual (en los Vedas y en la filosofía mimamsa es también llamado «el sacrificio»). En el segundo, hace referencia a una categoría particular de la acción humana (podemos hallarlo así definido en el Samkhya Yoga, Advaita, Bhagavad Gita y budismo en general). El tercero lo identifica no con una acción sino como una teoría de la acción, en particular la teoría de la acción como determinante causal. A esta última acepción es a la que se refiere el Dalai Lama en este capítulo.

lar. Este mecanismo específico de causalidad es, en definitiva, el *karma*.

Dentro del ámbito específico de la acción kármica podemos distinguir tres tipos distintos de acciones que generan sus correspondientes efectos. Las que producen sufrimiento y dolor son generalmente consideradas negativas o no virtuosas. Las que provocan consecuencias positivas o deseables —por ejemplo, experiencias de alegría y felicidad— son consideradas acciones positivas y virtuosas. La tercera categoría incluye las que conducen a experiencias de ecuanimidad o sentimientos neutrales, y son consideradas acciones neutrales, es decir, ni positivas ni negativas.

En relación a la naturaleza de las acciones kármicas hay dos clases principales: actos mentales (acciones no necesariamente manifestadas a través de la acción física) y actos físicos (tanto corporales como verbales). Así pues, en función del medio de expresión de una acción distinguimos acciones de la mente, del lenguaje y del cuerpo. Por consiguiente, no es de extrañar que en las escrituras hallemos deliberaciones acerca de las acciones kármicas consideradas virtuosas, no virtuosas y aquellas que son una síntesis de las otras dos. En mi opinión, las acciones de todos quienes practicamos el *dharma* deberían ser las terceras.

Si analizamos una acción kármica en particular, advertiremos que se compone de varias fases. El inicio de la acción es la fase de motivación o intencionalidad; la segunda fase es la ejecución, y la última corresponde a la culminación o actualización de la acción. Según las escrituras, la intensidad y la fuerza de una acción kármica varía en relación a la forma en que son llevadas a cabo dichas fases.

Analicemos el ejemplo de una acción negativa. Si en la fase de motivación la persona tiene una emoción negativa muy fuerte como la ira y, guiada por este impulso, ejecuta la acción pero inmediatamente después siente un profundo arrepentimiento, las tres fases no habrán sido completadas. En consecuencia y en comparación con otra persona que ha actuado siguiendo el orden de las tres fases (fuerte motivación, ejecución y placer o satisfacción por el acto llevado a cabo), el efecto de la acción será menos poderoso. De igual modo, puede haber casos en los que el individuo esté muy poco motivado pero las circunstancias le impelan a ejecutar la acción. En este supuesto, aunque se haya llevado a cabo un acto negativo su efecto será menos poderoso que en el primer ejemplo porque el sujeto no contaba con una intensa motivación. Así pues, el *karma* dependerá del grado de intensidad de las distintas fases de la acción.

Sobre la base de estas diferencias, las escrituras establecen cuatro clases de *karma*: el que es llevado a cabo pero no es acumulado; el acumulado pero no llevado a cabo; aquel en que el acto es llevado a cabo y acumulado y, por último, aquel en que ni hay acumulación ni ejecución. Es importante entender el significado de este punto y advertir que, puesto que hay distintas fases en todo acto, las acciones kármicas están compuestas y sus cualidades pueden ser caracterizadas como el resultado acumulativo de cada uno de sus factores.

Una vez considerada esta apreciación, siempre que, como practicantes del *dharma*, tengamos la oportunidad de comprometernos en una acción positiva, es importante asegurarnos de que en la fase inicial nuestra motivación positiva es muy intensa y que nos sentimos completamente convencidos de llevarla a cabo. A continuación, mientras la ejecutamos, debemos ser conscientes de estar haciendo el máximo esfuerzo para que la acción sea satisfactoria. Una vez finalizada, es necesario asegurarnos de que dedicamos el *karma* positivo generado a los demás y a nuestra conquista personal de la iluminación. Si somos capaces de reforzar esta dedicación con la comprensión de la naturaleza última de la realidad, el efecto de nuestra acción será incluso más poderoso.

En tanto que practicantes del *dharma*, lo ideal sería evitar comprometernos en cualquier clase de acción negativa. Sin embargo, si nos hallamos en una situación en que nos vemos obligados a llevar a cabo una acción no virtuosa, es importante asegurarnos de que, por lo menos, nuestra motivación no es intensa y de que no actuamos guiados por una fuerte emoción. De ser así, si mientras estamos actuando sentimos remordimiento o arrepentimiento, la consecuencia de nuestra acción negativa será muy débil. En última instancia, a la acción no debería seguir ningún sentimiento de satisfacción. En lugar de sentir placer deberíamos arrepentirnos, sentir remordimientos y a continuación purificar la negatividad acumulada. Si lo conseguimos, si logramos vivir una existencia en la que nuestras acciones positivas y negativas estén equilibradas, seremos capaces de seguir las enseñanzas de la ley del *karma* con mayor efectividad.

Aunque hay muchas clases de acciones negativas, la doctrina budista las sintetiza en las Diez Acciones Negativas: tres relacionadas con el cuerpo, cuatro con la palabra y tres con la mente. Las tres acciones negativas generadas por nuestro cuerpo son matar, robar y mala conducta sexual; las de la palabra, mentir, persuadir, blasfemar y criticar; y las correspondientes a la mente, codiciar, sostener consideraciones falsas y afán de venganza. Un practicante del *dharma* debe, a ser posible, evitar todas estas acciones negativas o, de lo contrario, abstenerse de llevarlas a cabo. Llevar una vida disciplinada y evitar acciones negativas constituye la ética vital budista.

El *karma* de la persona

¿Qué debe hacer un practicante budista para llevar una vida moral? La última aspiración de toda persona es lograr liberarse del *samsara* y alcanzar la libertad espiritual o iluminación, por lo que su principal objetivo es vencer las *kleshas*. Sin embargo, para un practicante no hay forma directa de combatir las emociones y los pensamientos negativos en el nivel inicial, así que el procedimiento más sensato es hallar el modo de reprimir las manifestaciones de los actos negativos del cuerpo, de la palabra y de la mente. Luego hay que mantenerse en guardia para evitar que esos actos negativos puedan dominarnos.

Una vez superado este estadio, el siguiente paso es enfrentarse a la causa principal, es decir, la ignorancia. En esta fase la persona ya es capaz de contrarrestar las fuerzas de los

kleshas directamente. Tras superar el segundo, el tercer estadio no consiste sólo en vencer las emociones y los pensamientos negativos, sino en erradicar todas las propensiones
y huellas que éstos han dejado en el psiquismo. Ésta es la razón por la que Aryadeva señala en los *Cuatrocientos Versos sobre el Madhyamaka* que un verdadero aspirante espiritual
debe, en primer lugar, superar el comportamiento negativo,
en la fase media contrarrestar cualquier apego por su propio
yo, y en el estadio final desatarse de todos los lazos que nos
aferran al reino del sufrimiento.

Como ya hemos visto, el budismo explica que tanto el entorno como los seres que lo habitan son fruto de la ignorancia, y en particular del *karma* que surge de esta última. Sin
embargo, no debemos creer que el *karma* los hace emerger
de la nada, pues no se trata de una causa eterna. Para que el
karma opere y posea el potencial de generar sus consecuencias, es preciso que parta de bases concretas: la existencia
continua del mundo físico y del mental. Podemos establecer
la continuidad del mundo físico hasta el principio de un
universo particular, y desde este inicio hasta el vacío. El budismo acepta la existencia de las llamadas «partículas espa-
ciales» *(namkhai dul)*, y afirma que hay un estadio de vacuidad que contiene la fuente del universo material. En el caso
del mundo mental no puede afirmarse que la continuidad de
la consciencia de los seres sensibles sea el resultado del *karma*. Así pues, tampoco podemos decir que el eterno proceso de continuidad de la materia y la mente sea causado por
el *karma*.

Si es así, si la continuidad básica no es efecto del *karma*,

¿cuál es el papel que representa en este contexto? ¿En qué momento concreto puede ser considerado la causa que determina la existencia de los seres sensibles y del entorno natural en que éstos viven? Quizá podría decirse que en el mundo se da un proceso natural y que cuando éste, gracias a su evolución, alcanza un estado en el que puede afectar a los seres (haciendo emerger tanto experiencias de sufrimiento como de felicidad) es el momento en que el *karma* entra en escena. Después de todo, el proceso kármico sólo tiene sentido en relación con las experiencias de los seres sensibles.

Así, ante la pregunta de si la consciencia y los seres sensibles son productos del *karma*, la respuesta será negativa. Sin embargo, será afirmativa si la cuestión plantea si el cuerpo y la consciencia humanas son debidas al *karma*, ya que ambos son el resultado de acciones virtuosas. Esto es debido a que cuando hablamos del cuerpo y de la consciencia humanas nos estamos refiriendo a estados de existencia directamente relacionados con experiencias de dolor y de felicidad de un individuo. Finalmente, si nos preguntaran si nuestro instinto natural de buscar la felicidad y superar el sufrimiento es producto del *karma*, obviamente la respuesta volvería a ser «no».

El *karma* y el mundo natural

Si centramos nuestra atención en la evolución del universo físico en general, no puede decirse que el proceso natural de causalidad sea efecto del *karma*. En el mundo natural este desarrollo tiene lugar a pesar de éste. No obstante, el *karma* es la condición que determina la forma y la dirección de dicho proceso.

Según el punto de vista del budismo analítico, distinguimos dos campos de investigación. En el primero, al que llamamos «natural», sólo actúa el proceso natural de leyes causales y en el segundo, que está supeditado a estas interacciones causales, es donde surgen ciertas propiedades. Teniendo en cuenta esta consideración, puede decirse que hay distintas argumentaciones en torno a la comprensión de la naturaleza del mundo o de la realidad.

Por ejemplo, en el análisis budista se parte de los llamados Cuatro Principios. El primero es el *principio de naturaleza*, que postula la existencia de las cosas y la afirmación de que a toda causa le sigue su correspondiente efecto. Incluso podría decirse que este principio implica la aceptación de las leyes naturales. El *principio de eficacia* está relacionado con la capacidad propia de las cosas para producir ciertos resultados en función de su naturaleza. El tercero es el *principio de dependencia*. De los dos primeros se deduce la existencia de una dependencia natural entre las cosas y los acontecimientos, entre causas y efectos. Sobre la base de este principio el análisis crítico del budismo aplica varios razonamientos para ampliar o profundizar nuestro conocimiento del mundo natural. Por consiguiente, el cuarto principio o *principio de validez* es el que determina la interrelación entre causa y efecto.

Para un budista practicante es de suma importancia tener en cuenta estos cuatro principios del mundo natural, pues se halla en disposición de utilizar este conocimiento para vivir de acuerdo con los principios del *dharma*. Es más, vivir según el *dharma* es apelar al *principio de validez*, en el sentido de saber cómo evitar acciones negativas y comprometerse a llevar a cabo acciones virtuosas.

Llegados a este punto, es preciso considerar en qué punto del proceso causal entra en escena el *karma* y, en consecuencia, de qué forma interactúa con el proceso de las leyes naturales de causalidad.

Para responder a estas dos preguntas quizá deberíamos referirnos a nuestra propia experiencia. Por ejemplo, la experiencia nos muestra que el efecto de algunas acciones llevadas a cabo por la mañana pueden perdurar incluso hasta la noche. La acción en cuestión puede haber causado tal impacto en nuestras emociones y nuestro ser que incluso, aunque haya sido ejecutada durante la mañana, su efecto seguirá presente en nuestra mente. En mi opinión, éste es el mismo principio que rige al *karma* y sus efectos, incluso en casos de efectos kármicos a largo plazo. Así pues, los efectos generados por el *karma* pueden surgir mucho tiempo después de que la acción haya sido llevada a cabo. Por consiguiente, el impacto del *karma*, según el budismo, puede ser percibido tanto en nuestra vida presente como en las futuras.

Para la total comprensión de este punto es preciso analizar la explicación general del proceso kármico contenida en los textos budistas. El *Vajrayana* sostiene que tanto el mundo físico como los seres vivos están compuestos por cinco elementos: tierra, agua, fuego, aire y espacio. El espacio no debe ser entendido en sentido técnico, es decir como ausencia de obstrucción, sino como vacuidad. El *Vajrayana* analiza este punto en términos de elementos externos e internos y muestra cómo, en un estadio muy profundo, se interrelacionan. Gracias a la comprensión de esta relación, nuestra interiorización de cómo el *karma* afecta al mundo es más intensa.

Si, como hemos señalado, la existencia de la consciencia es un hecho natural, continuidad también será un principio natural. En otras palabras, es la propia consciencia la que mantiene su propia continuidad. En este sentido, debemos añadir que el budismo sostiene la imposibilidad de que la consciencia surja de la nada o de forma incondicionada y de que sea material. Esta última afirmación no excluye la posibilidad de que la materia pueda afectar de algún modo a la consciencia. Sin embargo, la naturaleza de la consciencia es pura luminosidad, mera experiencia; es la principal facultad cognoscitiva y, por tanto, su ser no puede proceder de una naturaleza material. En definitiva, dado que la existencia de la consciencia depende de una causa y ésta no puede ser material, su origen es la eterna continuidad. Sobre esta premisa se asienta la convicción budista de la existencia de vidas eternas previas.

Hemos visto que el origen del sufrimiento radica tanto en el *karma* como en la ignorancia, pero la verdadera causa es esta última.

El *karma* y las emociones

Las diferencias entre las escuelas budistas respecto a la naturaleza de los *kleshas* se corresponden con las varias interpretaciones de la doctrina del *anatman* o teoría de la no-alma. Por ejemplo, ciertos estados de la mente y ciertos pensamientos y emociones que, según las escuelas *Madhya-maka-Svantantrika* y *Chittamatra,* no son considerados iluso-rios, lo son desde la perspectiva de la escuela *Madhyamaka-Prasangika.* Este tema es tan complejo que requeriría un profundo análisis.

Lo importante es saber que las emociones aflictivas son nuestro principal enemigo y la fuente del sufrimiento. En el momento en que éstas invaden nuestra mente, destruyen nuestra paz psíquica, a veces nuestra salud e incluso nues-tras relaciones con los demás. Todas las acciones negativas, como matar, intimidar, engañar, etc., son producto de emo-ciones aflictivas. Éstas son, por tanto, nuestro auténtico ene-migo.

Un enemigo externo puede ser perjudicial en el presente pero quizá útil en el futuro, mientras que un enemigo inte-rior es sistemáticamente destructivo porque siempre está en nosotros, lo que le convierte en un verdadero peligro. En cambio, si es exterior, podemos mantenerlo a cierta distan-cia. En 1959, por ejemplo, huimos del Tíbet. Escapar era una posibilidad física; sin embargo, me encuentre donde me encuentre, ya sea en el Tíbet, en Potala, en Dharamsala o aquí en Londres, allá donde vaya, mi enemigo interior me persigue. El enemigo interior sigue presente durante la prác-tica de la meditación. En este sentido, si visualizamos un *mandala,*[1] hallaremos a nuestro enemigo en su centro. En de-

---

1. En la práctica de visualización del budismo *tantra,* o tibetano, es la visión del universo en cuyo centro se halla el palacio de una divini-dad. (*N. de la T.*)

finitiva, la clave es reconocer que el destructor de nuestra felicidad está siempre en nosotros mismos.

¿Qué podemos hacer al respecto? Si luchar contra este enemigo y eliminarlo es imposible, lo mejor es olvidarse del camino espiritual y entregarse al alcohol, al sexo y demás evasiones. Sin embargo, si cabe la posibilidad de erradicarlo, debemos equilibrar las fuerzas de las partes que constituyen nuestra naturaleza humana, cuerpo, mente y buen corazón, para lograr reducirlo totalmente. Ésta es, precisamente, la verdadera razón por la que en la doctrina de Buda la vida humana es considerada tan valiosa. Sólo esta forma de existencia permite al ser humano entrenar y transformar su mente a través de la virtud de la inteligencia y el razonamiento.

Los budistas distinguen dos tipos de emociones: las racionales y las irracionales. Estas últimas se asientan sobre prejuicios o razones superficiales. A las emociones irracionales, por ejemplo el odio, las llamamos emociones negativas. El otro tipo de emociones, en las que se incluyen la compasión y el altruismo, son racionales porque, si profundizamos en ellas, advertimos que no sólo son buenas sino útiles y necesarias. Es más, aunque por su naturaleza sólo sean un tipo de emociones, están estrechamente relacionadas con nuestra capacidad racional e intelectual. A decir verdad, sólo equilibrando las emociones racionales con nuestra inteligencia lograremos cambiar y transformar nuestro mundo interior.

Mientras nuestro enemigo interior esté presente en nosotros, mientras estemos bajo su control, no podremos disfrutar de la felicidad permanente. Comprender la necesidad de erradicarlo, desarrollar el deseo de superarlo y buscar la liberación o renuncia es alcanzar una verdadera aprehensión del problema. Así pues, analizar nuestras emociones y nuestro mundo interior es crucial para superar el sufrimiento.

Las escrituras señalan que el deseo de superar el primer nivel del sufrimiento es común a los seres humanos y los animales. Respecto a la aspiración de liberar nuestro ser del segundo nivel de sufrimiento, «el sufrimiento del cambio», no es exclusiva del camino budista: hay tradiciones indias no budistas que también tienen como objetivo la paz interior. Sin embargo, la aspiración genuina de buscar la completa liberación del *samsara* sólo surge tras el verdadero reconocimiento del tercer nivel del sufrimiento, «el sufrimiento de lo condicionado». El reconocimiento de este tercer nivel es exclusivo del camino budista, que sostiene que mientras permanezcamos bajo el dominio de la ignorancia, estaremos condicionados al sufrimiento y no habrá lugar para la alegría y la felicidad.

PREGUNTAS

P: Su Santidad, ¿podría explicar por qué el efecto del *karma* a veces es inmediato y en otras ocasiones hay que esperar toda una vida para que tenga lugar?

DALAI LAMA: Uno de los factores es la intensidad de la acción kármica en sí misma; otro, que el alcance de las condiciones de la posibilidad de dicho *karma* sea completo, lo que depende a su vez de otras acciones kármicas. En el *Abhidharmakosha*, Vasunbandhu[1] sostiene que, en términos generales, las acciones kármicas, que son las más enérgicas, tienden a ser las primeras en producir sus propios efectos. Si la intensidad de una acción kármica es similar a otra, el efecto de la acción que tiende a madurar primero es consecuencia directa de la acción con que el individuo está más familiarizado. Sin embargo, si dos acciones kármicas son iguales en intensidad e igual de familiares, el primer efecto dependerá de la acción que se haya llevado a cabo en primer lugar.

P: ¿Existe alguna diferencia entre pensamiento y acción según los efectos kármicos? En otras palabras, ¿es posible que un pensamiento pueda causar una acción y viceversa?

DL: Como ya he explicado, el concepto budista de *karma* no se ciñe únicamente a las acciones corporales; también abarca actos mentales o emocionales. Por ejemplo, cuando hablamos de un acto de codicia, no necesariamente se manifiesta en nuestro comportamiento. En efecto, podemos albergar semejantes pensamientos en nuestra mente sin manifestarlos a través de acción alguna. Podría decirse, pues, que la ejecución de estos actos tiene lugar en el nivel mental.

Es más, hay ciertos tipos de acciones que no necesariamente tienen una motivación o intencionalidad inmediata

---

1. Gran maestro indio, hermano de Asanga, autor de ensayos filosóficos clásicos sobre las doctrinas del *Sarvastivada*, *Sautrantika* y *Chittamatra*. (*N. de la T.*)

y, sin embargo, dado que están condicionadas a acciones kármicas del pasado, impelen al individuo a actuar de cierta forma. Esto significa que algunas acciones pueden emerger no como resultado de la motivación sino de las tendencias del *karma*.

IV

La verdad de la cesación

La tercera Noble Verdad es la de la cesación. Las preguntas claves que debemos cuestionarnos en relación a ésta son las siguientes: ¿Qué es el nirvana? ¿Qué es *moksha* o liberación? ¿Qué significa *nirodha* o cesación? ¿Es realmente posible alcanzar la cesación?

Aceptar la cesación sólo porque Buda habló de ella en las escrituras no es razón suficiente. En este sentido sería de gran utilidad reflexionar sobre lo que señala Aryadeva en los *Cuatrocientos Versos sobre la Vía Media.* Según él, cuando nos referimos a la naturaleza última de la realidad, o vacuidad, debemos advertir que la comprensión de ésta no se asienta en la autoridad de las escrituras. Podemos acercarnos a dicha comprensión a través de un análisis crítico y, por consiguiente, a través de la reflexión.

Una de las categorías que el budismo atribuye a los fenómenos se nos manifiesta y es susceptible de ser percibida directamente, por lo que no hay necesidad de prueba lógica alguna que justifique su existencia. La segunda categoría quizá no sea tan obvia para nosotros, pero podemos inferir su existencia a través del razonamiento. Ambas categorías son técnicamente conocidas como «fenómenos levemente oscuros». La vacuidad pertenece a esta segunda categoría.[1]

Dado que podemos inferir la verdad de la vacuidad, debemos aceptar que la liberación también puede ser inferida a través del mismo proceso. Tal como afirma Nagarjuna, la verdadera comprensión de la liberación debe estar sustentada por la comprensión de la vacuidad, ya que aquélla no es más que la total eliminación o cesación de falsas ilusiones y del sufrimiento a través de la aprehensión de la vacuidad. El concepto de liberación está, por tanto, íntimamente relacionado con el de vacuidad y ambos pueden ser inferidos de igual modo.

Respecto a esta estrecha relación entre vacuidad y liberación, Maitreya, en el pasaje del *Abhisamayalamakara* que aborda la tercera Noble Verdad, señala dieciséis tipos de vacuidad. El tema de la liberación como última verdad (y en consecuencia relacionada con la vacuidad) es también abordado ampliamente en los comentarios de Chandrakirti. Así pues, la aceptación budista de la liberación depende del grado de comprensión del concepto de vacuidad.

---

1. A la tercera categoría de fenómenos pertenecen los llamados «muy oscuros», que se hallan más allá de la percepción directa y la inferencia lógica. Generalmente, sólo pueden ser reconocidos por la autoridad de las escrituras u otros testimonios. (*N. de la T.*)

VACUIDAD

Cuatro interpretaciones del no-yo o vacuidad

En budismo, hablar de vacuidad es referirse a la ausencia de algo, a una forma de negación. De igual modo, la teoría del «no-yo» también es una forma de negación. Pero ¿por qué se emplea este tipo de negación categórica? Volvamos a hacer un alto para analizar la cuestión desde nuestra propia experiencia.

Imaginemos que siento miedo por algo que sospecho puede amenazarme. Si pienso que puedo estar equivocado, que sólo se trata de una mera proyección personal, aunque tal pensamiento atenúe mi temor no lo hará desaparecer. Sin embargo, si en cambio pienso que sólo se trata de una ilusión, que no hay nada fuera de mí, en otras palabras, si mi negación es categórica, mi temor no tardará en desvanecerse. Pero, en este caso, ¿qué es lo que realmente está siendo negado? ¿A qué estamos atribuyendo la categoría de vacuidad?

Según las escrituras, la vacuidad es la ausencia del objeto negado. En el ejemplo anterior sería el objeto de nuestro temor. Dado que esta explicación no es suficiente, tendremos que profundizar más en el objeto de la negación. La clave de esta cuestión radica en la comprensión del significado del concepto *atman* (yo) en el contexto de la teoría del *anatman* (no-yo). En función de las distintas interpretaciones filosóficas de la doctrina del *anatman* de Buda, habrá notables diferencias a la hora de identificar el objeto de la negación.

En los textos budistas la identidad del *atman* como objeto de negación es abordada desde varias perspectivas. Por ejemplo, hay escuelas[1] que identifican el *atman* con una sustancia real, con un alma existente en cada uno de nosotros. Así pues, en este contexto *anatman* significará la negación de una realidad sustancial, de un agente autónomo o alma eterna.

Otra posible interpretación es la de la escuela *Chittamatra*, que considera la ignorancia no como la creencia en la realidad sustancial y en la eternidad del alma, sino como la creencia en la realidad del mundo físico. Sus seguidores sostienen que la ignorancia es la creencia errónea en la dualidad mente y materia, por lo que el objeto a negar es precisamente dicha creencia.

En tercer lugar, tenemos la comprensión del concepto de vacuidad según la escuela *Madhyamaka-Svatantrika*. Según ésta, aunque el ser de las cosas dependa de causas y condiciones, aunque la entidad de las cosas en tanto que existentes dependa de nuestra percepción, hay cierta realidad intrínseca en los objetos y los acontecimientos. Lo que esta escuela niega es la afirmación de que los objetos existan independientemente de la percepción, postulado que, por otra parte, define su particular comprensión del concepto de vacuidad.

Sin embargo, desde el punto de vista de la escuela *Madyamaka-Prasangika*, éste no es el verdadero sentido de la doctrina de Buda acerca del *anatman*. Según la perspectiva

---

1. Esta visión es defendida por las escuelas de la *Shravakayana*, en especial la *Vaibhasika* o *Sarvastivadin,* y la *Sautrantika.* (*N. de la T.*)

de esta escuela, mientras no abandonemos la concepción de que los objetos y acontecimientos pueden tener cualquier existencia intrínseca, seguiremos considerando las cosas como reales, como si disfrutaran de cierto tipo de entidad independiente. Por consiguiente, los seguidores de esta escuela niegan la existencia intrínseca e identidad de las cosas y los acontecimientos, y reivindican que éste es el verdadero significado de vacuidad.

A pesar de estas diferencias, las cuatro escuelas tienen una preocupación común: al aplicar la negación sistemática del yo es necesario garantizar que dicha negación no desafía la realidad del mundo convencional, el de la experiencia. Las cuatro escuelas ponen especial énfasis al sostener que la causalidad y el funcionamiento del *karma* no deberían ser negados durante el proceso. La aproximación de la escuela *Madhyamaka-Prasangika* respecto a este punto parece la más afortunada porque utiliza una forma de análisis que favorece una rigurosa y completa negación del *atman*, al tiempo que garantiza y reafirma tanto el origen dependiente del mundo como el del *karma*.

La Escuela Media

En un pasaje muy importante del *Tratado fundamental sobre la Escuela Media (Madhyamakamulakarika)*, Nagarjuna sostiene: «A todo aquello que tiene un origen dependiente, le llamo vacuidad, denominación a su vez dependiente.» En otras palabras, todo cuanto es originado dependientemente está, en última instancia, vacío, y todo a lo que nosotros asignamos un nombre dependiente son fenómenos vacíos. El hecho de que los objetos y acontecimientos sean designados dependientemente no implica su inexistencia, sino que son algo más que la mera nada. En este sentido, cuando un individuo es capaz de sintetizar la comprensión del origen dependiente y la comprensión de la vacuidad, se halla en disposición de seguir la línea de la Escuela Media, así llamada porque evita las teorías extremas del absolutismo y el nihilismo.

En el contexto de la escuela *Madhyamaka*, la expresión «designación dependiente» tiene un profundo significado. El adjetivo «dependiente» implica que los objetos y acontecimientos llegan a ser en dependencia de otros factores, lo que determina que, en sí mismos, no posean existencia independiente, autónoma o absoluta. Así pues, este primer punto niega cualquier tipo de absolutismo. Por lo que respecta a la palabra «designación», su significado implica que los objetos y acontecimientos no se reducen a la mera nada; implica no su inexistencia, sino todo lo contrario, su existencia. Este segundo punto garantiza a su vez que la realidad del mundo fenoménico no sea negada. Como Buddhapalita[1] señala en su comentario acerca de los *Principios de la Escuela Media*, si las cosas y los acontecimientos tienen una entidad existencial independiente y llegan a ser sin depender de nin-

---

1. Gran maestro indio (siglos III y IV) fundador de la escuela *Prasangika-Madhyamaka*. (*N. de la T.*)

gún factor, ¿por qué entonces sus respectivas designaciones son dependientes y están interrelacionadas?

En relación a este aspecto concreto, incluso los físicos empiezan a tener problemas al postular una idea de realidad acorde con la comprensión cuántica del mundo físico. Es obvio que, en tanto que concepto, la realidad es un problema.

En mi opinión el problema estriba en la dificultad de encontrar la esencia de las cosas cuando las consideramos en sí mismas. Sin embargo, si saltamos conceptualmente hasta el otro extremo y afirmamos que todo cuanto existe no es más que pura ilusión y mera proyección de la mente, caeremos en la misma trampa que los defensores de la escuela *Chittamatra*, es decir la postura del mentalismo total. Pero si las cosas no poseen realidad intrínseca y no creemos que todo sea una mera proyección de la mente, ¿qué alternativa cabe? ¿Cuál es el termino medio? La respuesta de los seguidores de la escuela *Madhyamaka* es que los objetos y acontecimientos surgen como resultado de muchos factores y que su respectiva existencia convencional proviene de la identidad que asignemos a cada uno de estos elementos.

Por lo que se refiere a la exposición de la doctrina budista de la vacuidad en general, en los textos hallamos diversas argumentaciones enfocadas a la comprensión de dicha doctrina. Entre éstas, el razonamiento más efectivo es el basado en la comprensión del origen dependiente. En este sentido, los trabajos de Buddhapalita y Chandrakirti son cruciales. A decir verdad, gran parte del conocimiento que tengo en relación con este tema está basado en la exposición del lama

Tsongkhapa, a su vez basada en la lectura que de Nagarjuna hicieron estos dos grandes maestros.

Al analizar los *Principios de la Escuela Media* de Nagarjuna vemos una relación entre el capítulo 23, que se centra en los doce eslabones del origen dependiente, y el 18, que aborda la doctrina del *anatman*. Este capítulo muestra cómo el apegarse a un principio eterno, o a la asunción de un alma sustancialmente real, nos ata a una existencia no-iluminada. Más adelante señala que negando el principio de *atman* y eliminando este apego podemos alcanzar la liberación. La clave, lo verdaderamente importante en este proceso, es llegar a comprender el concepto de vacuidad.

El estudio de los dos capítulos citados se complementa con el 24, donde Nagarjuna anticipa las posibles objeciones que las escuelas realistas budistas podrían plantear al respecto. El núcleo de estas objeciones se sintetizaría de la siguiente forma: si no hay realidad intrínseca, si los objetos y acontecimientos no tienen existencia e identidad intrínseca, nada es. Si nada es, las Cuatro Nobles Verdades tampoco son; si éstas no existen, las Tres Joyas tampoco y, en consecuencia, no puede haber camino alguno que conduzca a la iluminación. Nagarjuna responde a estas objeciones apelando al propio criticismo de los realistas. Si en cambio las cosas existen intrínsecamente, las consecuencias que los realistas atribuyen a la disertación del gran maestro podrían aplicarse a los argumentos de aquéllos. Es decir, si las cosas son intrínsecamente reales, las Cuatro Nobles Verdades no tendrían aplicación alguna y las causas no podrían producir ningún efecto. Así pues, el mensaje central de este capítulo es demostrar que lo que Nagarjuna entiende por vacuidad no es la pura nada o la mera no existencia. La vacuidad debería ser entendida al hilo de la naturaleza interdependiente de la realidad; es por virtud de su origen dependiente que las cosas carecen de existencia independiente.

Lodrö Gyatso, un maestro tibetano de Amdo, sintetizó este aspecto en un hermoso verso.[1] Gyatso señala que, en este contexto, la vacuidad no significa ausencia de funcionalidad. ¿Qué significa, pues? La vacuidad de la existencia real o absoluta. El origen dependiente no implica realidad o identidad intrínsecas, sino una falsa apariencia, la realidad fenoménica. Así, cuando se aprehende el significado tanto de la vacuidad como del origen dependiente, es lícito postular la vacuidad y la apariencia simultáneamente, sin riesgo de caer en una contradicción.

Más aún, el mismo maestro añadió que todas las escuelas filosóficas describen su propia posición evitando el absolutismo radical, al aceptar cierto tipo de vacuidad, y soslayando el nihilismo extremo, al considerar el nivel de la realidad fenoménica. Gyatso matizó, sin embargo, que sólo cuando se invierte el proceso se logra superar cualquier tipo de inclinación. Ésta es, por supuesto, la postura de la escuela *Madhyamaka-Parasangika*. Desde esta perspectiva el indivi-

---

1. El Dalai Lama se refiere a un texto titulado *La alabanza inextricable (Pal mar bstod pa)*, que es un comentario en verso de la famosa obra de Tsongkhapa *Alabanza a Buda por su doctrina acerca del Origen Dependiente*. Lodrö Gyatso fue un gran maestro de finales del siglo XIX, conocido como Chone Lama Rinpoche. (*N. de la T.*)

duo sólo podrá liberarse de su apego por lo absoluto a través de la aprehensión del concepto de apariencia, y evitará caer en el nihilismo si comprende el verdadero significado de la vacuidad.

La escuela *Madhyamaka*

Como se dijo anteriormente, en la propia escuela *Madhyamaka*[1] hay dos formas de comprender el concepto de vacuidad y también se subrayó la diferencia entre el punto de vista de la escuela *Madhyamaka-Svatantrika* y el de la *Madhyamaka-Prasangika*. La aceptación de esta diferencia procede de los escritos de Bhavaviveka,[2] uno de los principales discípulos de Nagarjuna, que somete el budismo de las escuelas realistas a un crítico examen, al tiempo que critica también la lectura que de Nagarjuna hizo Buddhapalita. La posición propia de Bhavaviveka surge de estas dos críticas. En esencia, mantiene que a pesar de que los realistas nieguen la existencia absoluta aceptan cierta forma de realidad intrínseca y objetiva en los objetos y acontecimientos que los maestros

1. Literalmente significa «el camino medio». De las cuatro grandes escuelas filosóficas budistas la escuela *Madhyamaka* es la más importante. El primero en exponer el contenido de su doctrina, considerada la base del *Vajrayana*, fue Nagarjuna. Recibe el nombre de Escuela Media por no sostener ninguna posición radical extrema, en especial el eternalismo y el nihilismo. (*N. de la T.*)

2. Conocido también como *Bhavya*, es considerado el máximo representante de la escuela *Madhyamaka-Svatantrika*. (*N. de la T.*)

de la escuela *Madhyamaka-Prasangika* —como Chandrakirti— rechazan enteramente. Así pues, aunque Chandrakirti,
Buddhapalita y Bhavaviveka fueron todos grandes discípulos
de Nagarjuna, hay una diferencia sustancial en sus respectivas maneras de interpretar la filosofía de la vacuidad del
maestro. En virtud de esta diferencia los estudiosos del budismo tibetano distinguen dos divisiones en la escuela
Madhyamaka, la *Svatantrika* y la *Prasangika*.

Estas dos escuelas difieren también en cuanto a su metodología. La *Madhyamaka-Prasangika* pone más énfasis en el
estilo reduccionista de razonamiento. Este tipo de argumentación es similar a la *reductio ad absurdum* por la que no
se pretende afirmar algo, sino mostrar la inconsistencia in-
terna del enunciado inicial de cualquier argumento. Por el
contrario, la escuela *Madhyamaka-Svatantrika* tiende a utilizar el razonamiento silogístico para justificar su propia posición.

Además de por su metodología, hay una diferencia fundamental entre Bhavaviveka y Chandrakirti en cuanto al
modo de percepción sensible del mundo material. Para Bhavaviveka es lícito afirmar que a través de la percepción visual
captamos la apariencia de una entidad objetiva, ya que, según él, las cosas poseen un grado de objetividad que es pro-
yectado en la percepción. Esta consideración es rechazada
totalmente por la escuela *Madhyamaka-Prasangika* de Chandrakirti. Está claro, por tanto, que el punto central de la diferencia entre las dos escuelas *Madhyamaka* es la aceptación
o no aceptación de la idea de esencia o realidad intrínseca de
las cosas.

Aplicación del concepto de vacuidad

La razón por la que comprender el significado del concepto de vacuidad es tan importante estriba en las implicaciones derivadas de éste para interpretar nuestra propia experiencia personal de la vida. Si cuando en nuestro interior emergen emociones intensas, por ejemplo el apego a las cosas o la ira, examinamos la experiencia de esta emoción, advertiremos que en ella subyace la asunción de la existencia de algo objetivo y real ajeno a nosotros, a lo que estamos ligados y en lo que proyectamos cualidades deseables o no deseables. Según el tipo de cualidades que proyectemos en los objetos o acontecimientos, sentiremos atracción o repulsión hacia éstos. Así pues, experimentar emociones intensas implica asumir la existencia de alguna forma de realidad objetiva.

Sin embargo, si somos conscientes de que los objetos y acontecimientos no poseen realidad intrínseca alguna, comprenderemos que la aparente realidad e intensidad de las emociones carece de importancia, ya que no se sostienen sobre una base sólida, sino en la errónea comprensión de la realidad. Por otra parte, si el conocimiento que poseemos de la vacuidad no es riguroso —en el sentido de no haber negado con éxito la noción de esencia completamente—, nuestra actitud hacia las emociones será ambivalente e incluso podemos creer en la posibilidad de justificarlas.

Tras desarrollar cierta comprensión del concepto de vacuidad, aunque sea intelectual, tendremos una nueva perspectiva de los objetos y acontecimientos. Si comparamos esta visión de la realidad con la habitual, advertiremos nuestra generalizada tendencia a proyectar cualidades subjetivas en el mundo. Es más, caeremos en la cuenta de que la mayoría de las emociones intensas nacen al asumir la realidad de algo irreal. Gracias a este ejercicio podremos alcanzar el sentido experiencial de la diferencia entre cómo percibimos las cosas y cómo son realmente. La conclusión de lo dicho anteriormente es que las emociones intensas que afligen nuestra mente surgen de un estado de confusión que nos impele a creer en la realidad de las cosas y en su existencia independiente. En definitiva, las emociones y los pensamientos aflictivos carecen de base sólida, no se fundamentan ni en nuestra experiencia ni en la realidad, y tampoco en la razón.

A diferencia de las emociones, nuestro conocimiento de la vacuidad de las cosas está válidamente justificado y no sólo a través de la razón sino también de la experiencia. Es más, la comprensión de la vacuidad y el apego a la realidad de las cosas son presupuestos contrarios y que, en consecuencia, se anulan mutuamente. Puesto que son dos fuerzas opuestas, una justificada y la otra carente de base sólida, cuanto más profundicemos en la comprensión del concepto de vacuidad y mayor sea nuestra interiorización, más débiles serán nuestras emociones. En otras palabras, seremos conscientes de que tanto los pensamientos como las emociones intensas, así como la base de ambos —la ignorancia—, pueden debilitarse, mientras que el conocimiento de la vacuidad puede fortalecerse.

La liberación

Hemos llegado a un punto en que es concebible aceptar que el poder de la apariencia y la ignorancia puede ser reducido. Sin embargo la cuestión acerca de si es posible eliminarlas completamente y erradicarlas de nuestra mente todavía no ha sido resuelta. En este sentido, algunos presupuestos del *Uttaratantra* de Maitreya podrían ser fundamentales. Según este texto, nuestro potencial cognoscitivo es intrínseco a nuestra consciencia e inherente a nuestra mente en tanto que cualidad natural, mientras que todos aquellos factores que afligen la mente no son partes esenciales de ésta. Las aflicciones mentales son totalmente distintas de la naturaleza esencial de la mente y, por consiguiente, adventicias.

Así pues, cuando hablamos de alcanzar la sabiduría perfecta de un buda, no debemos pensar que necesitamos crear en nosotros ciertas cualidades —que ya poseemos— y adquirirlas a partir de algo ajeno a nosotros, sino todo lo contrario. Debemos considerar la sabiduría perfecta de un buda como potencia que está siendo actualizada. El envilecimiento de la mente dificulta la expresión natural de este potencial inherente a nuestra consciencia. En realidad es como si la amplia capacidad cognoscitiva de nuestra mente no pudiera expresarse y desarrollarse totalmente a causa de posibles aflicciones. No obstante, cuando la mente ha aprehendido la idea de que su naturaleza esencial es pura luminosidad y mera experiencia, es decir pura capacidad cognoscitiva, podemos concebir la posibilidad de eliminar esas aflicciones por completo.

Resumiendo, en este capítulo hemos analizado si es o no posible alcanzar la liberación.

Si aceptamos que dicha liberación es posible, la siguiente cuestión es qué sentido debe ser entendida. En las escrituras la liberación tiene cuatro acepciones o características. La primera la describe como la verdadera cesación de las aflicciones. Según la segunda, es la paz verdadera, el estado de absoluta serenidad en que el individuo ha conseguido liberarse por completo de todas las aflicciones mentales. La tercera es sinónimo de satisfacción total porque el individuo la ha alcanzado en grado supremo. Por último, la cuarta describe la liberación como un resurgir decisivo, en el sentido de que el individuo ha emergido definitivamente del proceso de existencia no-iluminada.

V

La verdad del camino

Si aceptamos que la liberación es un objetivo alcanzable, el siguiente paso es analizar cómo lograrlo. Esta cuestión nos conduce a la cuarta Noble Verdad, o verdadero camino que conduce a la cesación del sufrimiento.

Según la escuela *Madhyamaka*, el verdadero camino debe ser entendido como el desarrollo de la comprensión intuitiva de la vacuidad que conduce a la cesación. Sin embargo, para lograr dicha comprensión es necesario sentar las bases de la meditación individual ya que sólo a través de ésta es posible alcanzar el conocimiento experimental de la vacuidad. El estadio en que un individuo aprehende este conocimiento experimental constituye el inicio del llamado *camino de enlace* o *camino de preparación*,[1] y el nivel en el que alcan-

---

1. Según el *Mahayana* es el segundo de los cinco caminos a seguir del *bodhisattva*. En este camino el individuo se prepara para aprehender los dos tipos de ausencia de identidad, la del sujeto y la de los fenómenos. (*N. de la T.*)

za la comprensión intuitiva de la vacuidad es llamado *camino de visión*.[1]

El conocimiento experimental de la vacuidad debe estar basado a su vez en un conocimiento intelectual del concepto, desarrollado a través de la inferencia, de lo contrario es imposible lograr una experiencia meditativa de la vacuidad. Este estadio inicial de desarrollo intelectual forma parte del llamado *camino de acumulación*.[2] El umbral de este camino es el instante en el que el practicante genera una auténtica aspiración por alcanzar la liberación, a lo que consideramos el verdadero inicio del camino budista.

EL CAMINO DEL SRHAVAKAYANA

Antes de emprender el camino se precisa una gran preparación. Para empezar, la práctica más importante es la de las tres instrucciones: la instrucción moral *(shila)*, la de la concentración o meditación *(samadhi)* y la de la sabiduría o conocimiento *(prajña)*. Las escrituras generalmente describen la transición de un estadio a otro en función de la experiencia del meditador. Es importante saber que el camino real por donde el individuo avanza depende de su progresiva

1. Según el *Mahayana* es el tercero de los cinco caminos a seguir del *bodhisattva*. Recibe este apelativo porque el individuo puede visualizar los dos tipos de ausencia de identidad, la del sujeto y la de los fenómenos. *(N. de la T.)*

2. Según el *Mahayana* es el primero de los cinco caminos a seguir del *bodhisattva*. Aquí el individuo acumula las causas que favorecerán la posibilidad de avanzar hacia la iluminación. *(N. de la T.)*

profundización y conocimiento de la vacuidad, técnicamente conocida como *orientación de la sabiduría del camino*. Por otra parte, la sabiduría que aprehende la vacuidad debe ser desarrollada en el contexto de la unión de la meditación individual y la introspección, conocida como *unión del shamatha*[1] y del *vipashyana*.[2]

Para experimentar la unión de estos dos tipos de meditación primero tenemos que desarrollar la práctica del *shamatha*, pues sólo éste nos permitirá canalizar nuestra energía y concentración. Instruirnos en el *shamatha* es, por consiguiente, la clave. Para que éste tenga éxito deben darse dos factores: la aplicación de la consciencia mental y la de la alerta mental. Estas dos capacidades sólo se desarrollarán correctamente si nuestra meditación individual está fundamentada en una sólida ética vital, en la que tanto nuestra actitud como nuestro modo de vida sean disciplinados. Este aspecto subraya la importancia fundamental de la moral. Así es como las tres instrucciones se conectan entre sí.

Todas estas prácticas son comunes a los métodos *Shravakayana* y *Mahayana*.

EL CAMINO DEL MAHAYANA

Deberíamos considerar ahora otro aspecto importante del budismo, concretamente el fundamento de toda la doctrina

---

1. Práctica de meditación en la que se tranquiliza la mente para liberarla de cualquier pensamiento perturbador. (*N. de la T.*)
2. Meditación comprensiva o percepción clara y distinta. (*N. de la T.*)

de Buda: la compasión. La compasión es la base del *dharma*. La práctica de enardecer nuestro buen corazón y desarrollar una mente altruista está encaminada a profundizar nuestra comprensión de la compasión y a estimular el potencial compasivo que todos poseemos innatamente. Sólo a través de la compasión podremos desarrollar la aspiración altruista de la búsqueda de la iluminación en beneficio de los demás.

Tradicionalmente este proceso se denomina «generar *bodhichitta*». Pero ¿qué significa realmente la palabra *bodhichitta*? En el *Abhisamayalamakara*, Maitreya señala que contiene dos factores o motivaciones. El primero es la compasión genuina hacia todos los seres; el segundo, la necesidad de alcanzar la plena iluminación para satisfacer el bienestar de los demás. Sin embargo, para desarrollar la mente altruista del *bodhichitta* la mera compasión no es suficiente. El *bodhichitta* debe estar fundamentado en una clase de compasión que conlleve el sentido de la responsabilidad, es decir, ser consciente de que nuestro deseo no es otro que asumir la misión de ayudar a los demás.

Este sentido de la responsabilidad sólo emergerá si hemos generado una compasión espontánea y auténtica que se extiende a todo ser sensible sin excepción. Este tipo de compasión es universal y recibe el nombre de *mahakaruna*, o gran compasión, para diferenciarla de la ordinaria, que es limitada. Sin embargo, la compasión en sí misma no emergerá salvo que hayamos profundizado en la naturaleza del sufrimiento, tanto el nuestro como el de los demás. Cuando asumimos que nuestro estado de ser es el sufrimiento, sentiremos también auténtica empatía por quienes nos rodean.

Reflexionar sobre la primera Noble Verdad, la del sufrimiento, nos ayudará a profundizar en el conocimiento de su naturaleza.

Para un practicante altruista es importante reconocer que la liberación personal no es suficiente. Esta actitud no sólo es individualista sino que, desde el punto de vista del propio camino hacia la perfección, no es un estado pleno de consciencia.

En consecuencia, es de vital importancia cultivar nuestra empatía natural y nuestro sentido de proximidad hacia los demás. Uno de los métodos descritos en las escrituras budistas para conseguirlo es identificar a todos los seres con nuestra madre o con alguien querido. De este modo, la compasión natural que despierta en nosotros el pensar en nuestros seres queridos se extiende al resto de seres y, por tanto, desarrollamos nuestra empatía espontáneamente. No obstante, si nuestras emociones hacia los demás fluctúan debido a que consideramos enemigos a ciertas personas y amigos a otras, dicho sentimiento de empatía jamás podrá darse. Esta discriminación debe ser superada, y para ello es fundamental practicar la ecuanimidad.

En la *Guía para la vida del Bodhisattva* (*Bodhicharyavatara*), Shantideva[1] presenta otro método para potenciar la empatía. En esta obra expone que para cultivar un genuino sentimiento de empatía es necesario considerar como iguales a los demás. Por ejemplo, dado que nuestro deseo personal es ser felices y superar el sufrimiento, los demás también lo tie-

---

1. Gran maestro y poeta indio del siglo VII. (*N. de la T.*)

nen, al igual que el mismo derecho que nosotros a alcanzarlo. Con este sentido de igualdad invertimos nuestra perspectiva individual poniéndonos en lugar del otro.

Según la tradición tibetana, la combinación de estos dos métodos es objeto de meditación. Tras lograr la estimulante experiencia de la mente altruista, como resultado de la reflexión y la meditación, la costumbre es estabilizarla y reforzarla participando en una ceremonia en la que nosotros, explícitamente, generamos *bodhichitta*. A este ritual debe seguir un entusiasta deseo de comprometerse en las actividades de un *bodhisattva*. Siguiendo la tradición, en este estadio el practicante toma formalmente los votos del *bodhisattva*. Para ser un *bodhisattva* ideal deben llevarse a cabo las actividades sintetizadas en los Tres Preceptos: no participar en acciones negativas, comprometerse en acciones virtuosas, y ayudar a los demás.

Dado que toda práctica, en tanto que causal, provoca un estado mental, las prácticas del *bodhisattva* son también descritas como la suma de dos capacidades acumuladas: el mérito y la sabiduría. En el camino budista dichas capacidades convergen en la unión entre método y sabiduría.

EL CAMINO DEL VAJRAYANA

La profundidad y sofisticación del budismo *tantra* o *Vajrayana* se fundamenta en la práctica de unificar método y sabiduría. La característica principal de esta unión, según la doctrina del *Vajrayana*, es que el practicante someta, en primer lugar, la percepción de su propia identidad y la del mundo a la comprensión del concepto de vacuidad y desvanezca todo en la vacuidad. Esta cognición de la vacuidad es a continuación visualizada (en principio a través de la imaginación) en la forma perfecta de una deidad meditativa. El siguiente paso es reflexionar acerca de la naturaleza insustancial o vacía de dicha deidad. Así pues, a través de la instancia cognitiva, método y sabiduría se presentan y completan mutuamente: la visualización de una deidad y, al mismo tiempo, la comprensión de la naturaleza vacía de dicha deidad.

Según las escuelas *Gelug*, *Sakya* y *Kagyu*, en la tradición del *Vajrayana* hay cuatro clases principales de meditación *tantra*: el *Kriya tantra*, el *Carya tantra*, el *Yoga tantra* y el *Gran Yoga tantra* (*Anuttarayogatantra*). Las dos primeras no implican tomar los votos del *Vajrayana*, pero sí las dos últimas. En las prácticas de meditación del *Gran Yoga tantra* se utilizan varios elementos fisiológicos, como visualizar los canales energéticos corporales y la energía que fluye por ellos. En estas clases de meditación la clave es siempre la aspiración del *bodhichitta* y la interiorización del concepto de vacuidad. Sin estos dos factores ninguna clase de meditación podría ser considerada una práctica budista.

Sin embargo, en varios textos destacados del *Yoga tantra* se dice que el camino del *Vajrayana* puede basarse en la comprensión del concepto de vacuidad sostenida por la escuela *Chittamatra*, y no necesariamente en la defendida por la *Madhyamaka*. A pesar de ello, considero que para que la práctica del *tantra* sea global y se pueda alcanzar la plena realización del camino del *tantra*, es crucial basar el conocimiento de la vacuidad en la doctrina del *Madhyamaka*.

CONSEJOS PARA SEGUIR EL CAMINO BUDISTA

Hay tres consejos que me gustaría compartir con vosotros.

El primero es que mientras no seamos capaces de fundamentar sólidamente las prácticas del *dharma*, a pesar de profundizar supuestamente en las prácticas del *Vajrayana*, éstas no tendrán efecto alguno. La clave estriba en que para practicar el budismo es vital desarrollar el conocimiento de las Cuatro Nobles Verdades y meditar acerca de ellas. La meditación debería ser, por consiguiente, parte esencial de nuestra práctica, tanto la *shamatha* como la *vipashyana*.

Otro factor importante para seguir el camino budista es la voluntad. Bajo ningún concepto debemos imaginar que todos estos logros pueden ser alcanzados en unos meses o un par de años; el pleno desarrollo puede incluso tardar siglos, por lo que la voluntad es evidentemente crucial. Si nos consideramos budistas y queremos practicar el *dharma*, debemos mentalizarnos para hacerlo, aunque tardemos años en conseguir la plena realización. Después de todo, ¿cuál es el sentido de nuestra vida? En sí misma carece de sentido intrínseco. Sin embargo, si utilizamos nuestra vida positivamente, los días, meses, años e incluso los siglos cobrarán valor. Si, por el contrario, derrochamos nuestra vida y no albergamos objetivo alguno, un solo día puede resultar una eternidad. Cuando se posee una firme voluntad y un claro objetivo, el tiempo carece de importancia.

Como Shantideva señala en esta hermosa oración:

En tanto exista el espacio
y los seres sensibles perduren,
también debo yo seguir
disipando la miseria del mundo.

Sus palabras nos inspiran y conducen a cierto nivel de conocimiento.

Mi consejo final es que cuanto más impacientes seamos, cuanto más deseemos hallar un camino rápido, mejor y más sencillo, menos probabilidad tendremos de alcanzar nuestros objetivos.

CONCLUSIÓN

Para resumir mi conferencia, diría que si la comprensión de las Cuatro Nobles Verdades emerge de la reflexión profunda, se desarrolla una auténtica admiración por el *dharma*, que es el verdadero Refugio, así como la convicción de la posibilidad de actualizar el *dharma* en uno mismo. Sobre la base de dicha convicción seremos capaces de alcanzar una auténtica devoción por Buda, el maestro que nos mostró el camino, y también un profundo respeto por los miembros del *sangha*, nuestros compañeros de camino.

Si la comprensión de las Tres Joyas se fundamenta en la aprehensión real de las Cuatro Nobles Verdades, siempre que pensemos en Buda, el *dharma* y el *sangha* revivirán en nosotros con renovada savia. Éste es el verdadero significado del tomar refugio. De hecho y resumiendo sucintamente, el objetivo de mi exposición ha sido mostrar lo que significa tomar refugio en las Tres Joyas.

Aunque mi práctica personal es muy pobre y aunque recite *mantras* y visualice ciertos *mandalas*, el objetivo de mi práctica diaria no es otro que las Cuatro Nobles Verdades y el generar *bodhichitta*. A veces creo que visualizar deidades puede ser un modo de engaño personal. Desde mi humilde opinión, debemos practicar gradualmente con paciencia y voluntad. Si lo hacemos así, al cabo de un año, o de una década, advertiremos en nosotros alguna mejora, lo que nos alentará a continuar. Sin embargo, debemos ser conscientes de que este cambio no es en absoluto fácil.

Así pues, si tras leer estas enseñanzas acerca de las Cuatro Nobles Verdades, os consideráis budistas, ponedlas en práctica, pues no deberían permanecer confinadas en el mero ámbito intelectual. La práctica y la doctrina deben ser parte de nuestra vida. A decir verdad, se trata del mismo principio que contemplan los practicantes de otras religiones, como los cristianos, musulmanes y judíos: independientemente de cuál sea nuestra fe, si nos comprometemos a procesarla debería convertirse en parte fundamental de nuestra vida. Asistir a misa los domingos y orar durante unos minutos no es suficiente si nuestro comportamiento permanece inalterable. Nos hallemos o no en una iglesia o en una catedral, la doctrina de nuestra propia religión ha de estar en nuestro corazón. Sólo así podremos experimentar su verdadero valor, de lo contrario no será más que un mero conocimiento insuficiente para afrontar los problemas diarios.

Cuando la doctrina entra a formar parte de nuestra propia vida, adquirimos una fuerza interior que nos ayuda a sortear cualquier problema. Incluso cuando envejecemos, cuando padecemos una enfermedad incurable o cuando sobreviene la muerte, nuestra práctica sincera nos proporciona cierto tipo de garantía interior. Después de todo, la muerte es parte de la vida; nada hay extraño en ella ya que, tarde o temprano, todos tendremos que cruzar su umbral. En ese preciso instante, haya o no vida después de la muerte, lo más valioso es haber alcanzado la paz mental. ¿Cómo poder alcanzar la paz interior en semejante momento? Sólo podremos lograrlo a través de cierta experiencia personal que nos proporcionará fuerza interior, algo que nadie —ni los dioses ni los gurus ni los amigos— puede brindarnos. Ésta es la razón por la que Buda dijo que sólo uno mismo puede ser su propio maestro.

Apéndice

La compasión, base
de la felicidad humana

Conferencia pronunciada por el Dalai Lama en el Free Trade Hall, Manchester, el 19 de julio de 1996.

Aunque resulte difícil de justificar, todo ser humano posee un sentido innato del yo, así como el deseo connatural de alcanzar la felicidad y superar el sufrimiento. En otras palabras, la vida del hombre está regida por el derecho natural de conseguir la mayor felicidad posible y, en consecuencia, el derecho natural de vencer el sufrimiento.

La historia de la humanidad se ha desarrollado sobre las bases de este sentimiento. De hecho, este sentimiento no está limitado ni es exclusivo a los seres humanos; desde el punto de vista del budismo, incluso el más pequeño de los insectos lo posee y, en función de sus capacidades, trata de alcanzar cierto grado de felicidad y evitar situaciones adversas.

Sin embargo, entre los seres humanos y las otras especies animales hay una diferencia de grado: la inteligencia humana. En efecto, gracias a ésta estamos mucho más avanzados y poseemos una mayor capacidad. Sólo nosotros podemos pensar el futuro y proyectarnos en él, sólo nuestra memoria es lo suficientemente poderosa para retroceder en el pasado. Más aún, tenemos tradiciones orales y escritas que nos permiten rememorar acontecimientos ocurridos hace siglos e incluso, gracias a los métodos científicos actuales, millones de años atrás.

No cabe duda de que nuestro intelecto nos convierte en seres muy inteligentes, pero a la vez, y precisamente debido a ello, en los seres que albergan más dudas, recelos y temores. La sensación de miedo está mucho más desarrollada en los humanos que en otros animales. Además, la mayoría de conflictos familiares, por no mencionar los conflictos dentro de las comunidades y entre naciones, así como los conflictos internos de cada individuo, emergen como consecuencia de las diferentes ideas y puntos de vista que nuestra inteligencia nos proporciona. Así pues, desafortunadamente la inteligencia puede ser la causa de los estados de infelicidad mental y, por tanto, una de las fuentes de la miseria humana, aunque a su vez es la única herramienta útil para superar estos conflictos y diferencias.

Desde esta perspectiva, es innegable que los seres humanos somos la especie animal que más problemas genera. Si la vida humana se extinguiera el planeta estaría a salvo. A decir verdad, millones de peces, gallinas y otros animales disfrutarían de cierta clase de liberación.

Sin embargo, es importante utilizar la inteligencia de forma constructiva. Ésta es la clave. Si utilizáramos su capacidad adecuadamente, perjudicaríamos menos a nuestra propia especie y al resto del planeta y, por supuesto, seríamos mucho más felices. Utilizar nuestra inteligencia correcta o incorrectamente está en nuestras manos. Pero ¿cómo podemos aprender a usarla constructivamente? En primer lugar, reconociendo nuestra naturaleza y albergando la determinación de que todavía hay una posibilidad real de transformar el corazón humano.

En base a estos presupuestos iniciales, hablaré hoy de cómo el ser humano puede encontrar la felicidad como individuo, ya que, en mi opinión, éste es la clave de la totalidad. A pesar de los cambios que puedan advertirse en una comunidad, la iniciativa debe proceder del individuo. Si éste puede convertirse en una buena persona, tranquila y pacífica, su cambio generará automáticamente una atmósfera positiva en quienes le rodean. Cuando los padres son afectuosos y apacibles, los hijos tienden a manifestar la misma actitud y a desarrollar el mismo tipo de comportamiento.

Dado que nuestra actitud como seres humanos a menudo se ve afectada por factores externos, eliminar los problemas que nos rodean constituye una cuestión primordial. El entorno, es decir la situación que nos rodea, es un factor muy importante para alcanzar un estado de ánimo favorable y feliz. Sin embargo, el elemento fundamental, y que complementa al anterior, es nuestra propia disposición o actitud mental.

La situación ambiental puede no ser favorable, puede incluso ser hostil, pero si nuestra actitud mental es la correcta, no afectará nuestra paz interior. Por el contrario, si nuestra disposición mental no es la adecuada, a pesar de estar rodeados por nuestros mejores amigos y contar con las mejores facilidades, nunca seremos felices. Ésta es la razón por la que la actitud mental es más importante que las condiciones externas. Sin embargo, la mayoría de la gente parece más preocupada por las condiciones externas que por su propia disposición mental. En este sentido, mi propuesta es que deberíamos prestar más atención a nuestras cualidades interiores.

En efecto, aunque hay un gran número de cualidades que pueden proporcionarnos la paz mental, desde mi humilde experiencia creo que las más importantes son la compasión y el afecto humanos, es decir, el sentido connatural a nuestra especie de ser humanitarios.

Permítanme explicar a qué me refiero con la palabra «compasión». En general, nuestro concepto de compasión o amor engloba los sentimientos de intimidad que tenemos respecto a nuestros amigos y personas amadas. Sin embargo, en ocasiones el significado de «compasión» se confunde con el de «piedad». Nada más lejos de la realidad. Cualquier sentimiento de amor o de compasión que entrañe menospreciar al otro, sentir lástima por él, no es genuina compasión. Para que sea auténtica, la compasión tiene que basarse en el respeto por el otro y en la convicción de que los demás tienen el mismo derecho de ser felices y superar el sufrimiento que nosotros. Sólo si somos capaces de advertir el sufrimiento de los demás podremos desarrollar un auténtico sentido de la compasión.

Respecto a la proximidad o intimidad que sentimos hacia nuestros amigos, normalmente confundimos el apego por la compasión hacia los demás. El sentimiento de compasión genuino debería ser imparcial y ecuánime. Si sólo nos sentimos unidos a nuestros amigos y no a nuestros enemigos, o al resto de personas que no conocemos personalmente y nos son indiferentes, nuestra compasión es sólo parcial y subjetiva.

Como he mencionado, la compasión genuina se basa en el reconocimiento de que los demás tienen el mismo derecho que nosotros a la felicidad y, por consiguiente, nuestros enemigos, en tanto que seres humanos, también. Así pues, ese sentimiento de preocupación, de compasión, debemos sentirlo por todo el mundo, independientemente de si la actitud de la persona hacia nosotros es hostil o amigable.

Esta clase de compasión conlleva el sentido de la responsabilidad. Cuando desarrollamos este tipo de motivación, la confianza en nosotros mismos aumenta y nuestros temores disminuyen, lo que favorece nuestra determinación. Si desde el principio estamos decididos a llevar a cabo una tarea difícil, aunque no lo consigamos en un primer, segundo o tercer intento, no debemos cejar en el empeño. Este tipo de actitud optimista y determinada es la clave del éxito.

La compasión también nos proporciona fuerza interior. Cuando se experimenta dicho sentimiento se abre en nosotros una puerta interior a través de la cual podemos comunicarnos, fácil y sinceramente, con el resto de los seres humanos, e incluso con otros seres sensibles. Sin embargo, si sentimos odio y rencor hacia los demás, el sentimiento será

mutuo y, en consecuencia, el temor y las sospechas levanta-
rán un muro que dificultará la comunicación con los demás.
La soledad y el aislamiento invadirán nuestro espíritu y, aunque no todos los miembros de nuestra comunidad experi-
menten sentimientos negativos hacia nosotros, seremos juz-
gados negativamente a consecuencia de nuestros propios
sentimientos.

Si albergamos sentimientos negativos hacia los demás y a
pesar de ello esperamos que nos traten amigablemente, estamos siendo muy ilógicos. Si lo que deseamos es que nuestro entorno sea más cordial, debemos ser los primeros en
asentar las bases para conseguirlo. Independientemente de si
la respuesta de los demás es positiva o negativa, nosotros hemos de sembrar la semilla de la simpatía. Si después de hacerlo la respuesta que recibimos sigue siendo negativa, tenemos pleno derecho a actuar en consecuencia.

Personalmente, siempre trato de sembrar simpatía entre
las personas. Cuando conozco a alguien no necesito presen-
taciones previas, ya que la persona en cuestión es otro ser
humano. Quizá en un futuro próximo los avances tecnoló-
gicos puedan hacerme confundir un robot con un ser humano, pero hasta la fecha nunca me ha ocurrido. Cuando
contemplo una amplia sonrisa y unos ojos que me miran, re-
conozco que dicha persona es un ser humano. En este sentido, salvo por el color de la piel, tanto emocional como fí-
sicamente somos iguales. Que los occidentales tengan el
cabello rubio, azul o blanco no tiene importancia. Lo importante es que a nivel emocional somos exactamente iguales. Albergando dicha convicción, cuando conozco a una

persona sé que me hallo frente a un hermano y me acerco a él espontáneamente. En la mayoría de los casos, la respuesta de la otra persona es mimética y se convierte en un amigo. He de reconocer que a veces me equivoco, pero dado el caso tengo plena libertad de reaccionar de acuerdo con las circunstancias.

Por consiguiente, deberíamos acercarnos a los demás abiertamente, siendo conscientes de que toda persona es un ser humano como nosotros.

La compasión crea una atmósfera positiva y, en consecuencia, nos sentimos satisfechos y tranquilos. Donde vive una persona compasiva siempre se respira una atmósfera agradable. Incluso los perros y pájaros se acercan a la persona sin titubear. Hace casi cincuenta años solía tener pájaros en el palacio de verano Norbulingka, en Lhasa. Entre ellos había un pequeño loro. Por aquel tiempo tenía un ayudante entrado en años de apariencia poco agradable (la expresión de su mirada era adusta y severa) que alimentaba diariamente al loro con frutos secos. Puede resultar extraño, pero aquel pequeño pájaro intuía la presencia de mi ayudante con sólo escuchar sus pasos o su voz. La manera amigable con que mi ayudante lo cuidaba surtía en el loro efectos asombrosos. Aunque en alguna ocasión alimenté al loro personalmente, nunca se comportaba de igual manera conmigo, así que decidí pincharle con un palo para comprobar cómo reaccionaba. Como era de esperar, el resultado del experimento fue negativo.

La moraleja de esta historia es muy sencilla: si deseamos tener un amigo verdadero, primero debemos hacer que la atmósfera que nos rodea sea positiva. A fin de cuentas, somos animales sociales y, en consecuencia, la amistad es muy importante. Pero ¿cómo lograr que los demás esbocen una sonrisa? Si nos mostramos imperturbables y desconfiados, nos resultará muy difícil. Es posible que la gente nos obsequie con una sonrisa artificial si tenemos poder y dinero, pero no debemos olvidar que una sonrisa genuina sólo procede de la compasión.

Así pues, la pregunta es cómo desarrollar la compasión. ¿Podemos desarrollar una compasión objetiva? Mi respuesta es definitivamente afirmativa. En mi opinión la naturaleza humana es sensible y compasiva, aunque la mayoría de la gente piense que su principal característica es la agresividad. Analicemos este aspecto.

En el mismo instante de la concepción, y cuando el feto se halla en el útero materno, uno de los factores más positivos para su desarrollo es el estado mental compasivo y sereno de nuestra madre. La agitación mental de la madre es perjudicial para el feto. ¡Y esto es sólo el comienzo de la vida! Incluso el estado mental de los padres es de suma importancia durante la concepción. Si un niño es concebido a consecuencia de una violación, será un bebé no deseado. La concepción tiene que ser el fruto del amor verdadero y el respeto mutuo, no de la pasión desenfrenada. No es suficiente con tener una aventura amorosa, la pareja debería conocerse y respetarse mutuamente. Ésta es la base de un matrimonio feliz. Es más, el matrimonio en sí mismo debería ser de por vida, o por lo menos duradero. La vida debería nacer siempre a partir de este contexto.

Según la ciencia médica, durante las primeras semanas después del nacimiento, el cerebro del niño sigue desarrollándose. Los expertos aseguran que durante este período el contacto físico es uno de los factores cruciales para su correcto desarrollo. Esta consideración muestra la importancia del afecto físico que requiere nuestro cuerpo durante su desarrollo.

Tras el nacimiento, uno de los primeros actos de la madre es amamantar al bebé, cuyo acto reflejo es la succión. La leche suele ser considerada un símbolo de compasión. Sin ésta, al niño le costará mucho sobrevivir. Gracias a la lactancia se establece un vínculo de proximidad entre la madre y el niño. Si tal vínculo no se da, el niño rechazará el pecho de la madre y si ésta siente aversión por su hijo, la leche no fluirá de su pecho. Así pues, la leche fluye a consecuencia del amor. Esto significa que el primer acto de nuestra vida, succionar la leche materna, es un símbolo de afecto. Cuando visito una iglesia y contemplo la imagen de María acunando a Jesús en su regazo, siempre recuerdo este aspecto tan crucial en nuestras vidas; personalmente lo considero un símbolo de amor y afecto.

Se ha demostrado que aquellos niños que crecen en hogares en los que se respira amor y afecto tienen un desarrollo físico más sano y son mejores estudiantes. Por el contrario, aquellos que no disfrutan de afecto tienen más dificultades en su desarrollo físico y mental, e incluso cuando crecen, tienen serias dificultades para manifestar afecto, lo cual es realmente doloroso.

Reflexionemos ahora acerca del último instante de nuestra vida, la muerte. Incluso en este instante, si la persona moribunda se siente arropada por sus amigos, aunque no pueda beneficiarse de ellos, experimentará una sensación de paz mental. Por consiguiente, a lo largo de nuestra vida, desde el primer instante hasta la muerte, el afecto humano juega un papel decisivo.

Una disposición afectuosa no sólo favorece la paz y el sosiego mentales, sino que también repercute positivamente en nuestro cuerpo. Por el contrario, el odio, los celos y temores afectan nuestra paz mental, provocando una reacción física adversa. Incluso nuestro cuerpo precisa paz mental, cualquier tipo de agitación le es siempre perjudicial.

Por consiguiente, aunque haya personas que sostengan lo contrario, soy de la opinión de que, si bien la agresividad forma parte de nuestra naturaleza, el factor dominante de la vida es el afecto humano, razón por la que es posible reforzar la bondad innata de nuestra naturaleza humana.

La importancia de la compasión puede justificarse con argumentos lógico-racionales. Si ayudamos a otra persona y nos preocupamos por ella, saldremos beneficiados. Sin embargo, si perjudicamos a los demás, tarde o temprano tendremos problemas. A menudo suelo bromear diciendo que si lo que deseamos es ser egoístas, es mejor serlo sabiamente que estúpidamente. La inteligencia puede ayudarnos a amoldar nuestra actitud al respecto. Si la utilizamos correctamente, podemos alcanzar el pleno conocimiento de cómo satisfacer nuestro interés personal llevando una vida compasiva. En este sentido podría argüirse que ser compasivo es, en última instancia, ser egoísta.

En este contexto, no creo que el egoísmo esté fuera de lugar. El amor a uno mismo es crucial. Si no nos amamos a nosotros mismos, ¿cómo podemos amar a los demás? Hay personas que al hablar de la compasión consideran que ésta supone un total desprecio por los intereses propios. Nada más lejos de la realidad. De hecho, el auténtico amor debe, en primer lugar, dirigirse hacia uno mismo.

La palabra «yo» tiene dos sentidos. Uno de ellos es el negativo, el que genera problemas, aquel que no tiene en cuenta a los demás. El otro, basado en la determinación, la voluntad y la confianza en sí mismo, es el auténtico sentido del «yo», el realmente necesario para afrontar con absoluta confianza cualquier tarea o reto en la vida.

De igual modo, también hay dos tipos de deseo. El odio es invariablemente un deseo negativo que destruye la armonía. ¿Cómo reducir el odio? El odio suele preceder a la ira. Ésta a su vez surge a consecuencia de una emoción reactiva y gradualmente se convierte en un sentimiento de odio. En este caso, la aproximación más hábil consiste en saber que el odio es negativo. A menudo la gente cree que el odio es un sentimiento natural que es mejor expresar, pero se equivoca. Quizá debido al pasado alberguemos resentimientos que pueden desaparecer expresando nuestro odio. No niego que sea posible, sin embargo es siempre mejor analizar la causa de dicho odio y así, gradualmente, año tras año, irá disminuyendo. Desde mi experiencia, considero más factible partir de la consideración de que el odio es negativo y, por tanto, es mejor no sentirlo. Esta postura en sí misma marcará la diferencia.

Debemos tratar de percibir el objeto de nuestro odio desde otra perspectiva. Cualquier persona o circunstancia que pueda generar en nosotros odio es básicamente relativa; verlo desde un solo ángulo despertará nuestra ira, pero si lo contemplamos desde otra perspectiva es posible que descubramos aspectos positivos. Por ejemplo, nosotros perdimos nuestro país y nos convertimos en refugiados. Si analizamos nuestra situación desde este ángulo, deberíamos sentir frustración y tristeza, sin embargo, el mismo acontecimiento ha generado oportunidades de conocer gente con distintas tradiciones religiosas. Desarrollar una forma más flexible de contemplar las cosas nos ayuda a cultivar una actitud mental serena y equilibrada. Éste es un posible método para reducir el odio.

Supongamos, por ejemplo, que enfermamos. Cuanto más pensemos en nuestra enfermedad, nuestra frustración será peor. En este caso, resulta de gran ayuda comparar nuestra situación con alguien que, padeciendo la misma enfermedad, se siente mucho peor que nosotros, o pensar qué habría ocurrido si hubieramos contraído una enfermedad más grave. De esta forma, podemos consolarnos al comprobar que nuestra situación podría haber sido mucho peor. De nuevo, la estrategia es aprender a relativizar cualquier tipo de situación. Si comparamos, siempre hallaremos una circunstancia peor a la nuestra, lo que inmediatamente reducirá nuestra frustración.

Ocurre exactamente lo mismo cuando tenemos que enfrentarnos a ciertas dificultades. Si las contemplamos de cerca pueden resultar muy complicadas, pero si las analizamos desde una perspectiva más amplia, no parecen tan graves. A través de estos métodos y desarrollando un amplio punto de vista podemos reducir nuestra frustración ante cualquier tipo de problemas. Para conseguirlo se requiere un constante esfuerzo, pero si logramos ponerlo en práctica, el sentimiento de odio que todos llevamos dentro disminuirá. Entretanto, debemos fortalecer nuestra compasión e incrementar el potencial de bondad que todos albergamos. Gracias a la combinación de estos dos elementos una persona puede transformar su negatividad y ser una persona buena. Éste es, pues, el camino que debemos seguir para conseguir dicha transformación.

Por otra parte, si profesamos una religión, nuestra fe puede ser de gran utilidad para potenciar estas cualidades. Los Evangelios, por ejemplo, nos enseñan a poner la otra mejilla, muestra inequívoca de la práctica de la tolerancia. Para mí, el principal mensaje de los Evangelios es el amor a nuestros semejantes y la razón por la que debemos potenciar este amor es precisamente porque amamos a Dios. Esta clase de enseñanza religiosa es muy útil para aumentar y potenciar nuestras buenas cualidades. La aproximación budista presenta un método muy claro. En primer lugar tratamos de considerar por igual a todos los seres sensibles. A continuación consideramos que la vida de cualquier ser es tan valiosa como la nuestra y, a partir de aquí, desarrollamos nuestro interés por los demás.

¿Qué ocurre en el caso de alguien que no profesa ninguna fe religiosa? Sigamos o no un credo religioso, la cuestión que nos ocupa está relacionada con los derechos del individuo. En este sentido, es posible, e incluso a veces más sencillo, no tener que recurrir a la religión. No obstante, aunque no se profese religión alguna, el valor de las buenas cualidades humanas jamás debe ser abandonado. En tanto que seres humanos y miembros de una sociedad, necesitamos de la compasión humana para ser felices. Dado que todos deseamos alcanzar la felicidad, tener una familia y unos amigos felices, debemos potenciar y desarrollar la compasión y el afecto. Es muy importante reconocer que hay dos niveles de espiritualidad: uno guiado por la fe religiosa y el otro totalmente independiente de ésta. Potenciando el segundo nivel simplemente tratamos de ser personas con buen corazón.

Deberíamos recordar también que cultivar una actitud compasiva conduce indefectiblemente a la no-violencia. La no-violencia no es un término diplomático, es la compasión en acción. Si nuestro corazón alberga odio, nuestras acciones serán violentas, pero si tenemos compasión, serán no-violentas.

Como he dicho anteriormente, mientras el hombre habite la Tierra siempre habrá desavenencias y conflictos. Si para evitar dichas diferencias hacemos uso de la violencia, nuestra vida cotidiana se verá teñida diariamente por ésta y el resultado será terrible. A decir verdad, es imposible dirimir las diferencias a través de la violencia. La violencia sólo conduce al aumento del resentimiento y la insatisfacción.

La no-violencia significa diálogo, es decir utilizar el lenguaje para comunicarse. Dialogar significa comprometerse: escuchar otros puntos de vista y respetar los derechos de los demás con un espíritu de reconciliación. A través del diálogo no hay ganadores ni vencedores. En la actualidad, en la medida que el mundo va reduciéndose paulatinamente, los conceptos «nosotros» y «vosotros» resultan obsoletos. Si nuestros intereses fueran independientes del resto de los demás, cabría la posibilidad de que alguien se alzara como ganador en detrimento del perdedor, pero dado que todos dependemos los unos de los otros, nuestros intereses y los de los demás están interrelacionados. Así pues, ¿cómo se puede lograr una victoria absoluta? Es del todo imposible. Tenemos que compartir nuestros intereses en un 50 por ciento o, de no ser posible, en un 60 y un 40 por ciento. Si no somos ecuánimes, la reconciliación jamás será posible.

La realidad del mundo actual crea la necesidad de pensar en estos términos. Ésta es la base de mi propia consideración, la aproximación del término medio. Los tibetanos jamás lograremos la victoria porque, nos guste o no, el futuro del Tíbet depende en gran medida de China. Sin embargo, apelando al espíritu de la reconciliación, abogo por compartir intereses para potenciar el auténtico progreso. Comprometerse es la única vía. A través de medios no-violentos podemos compartir puntos de vista, sentimientos y derechos que nos ayudarán a resolver el problema.

A veces he calificado al siglo XX de sanguinario, el siglo de la guerra. Durante esta centuria ha habido más conflictos, derramamiento de sangre y más armas que nunca antes en la historia. Desde el presente y teniendo en cuenta las experiencias que todos hemos sufrido en este siglo, así como todo cuanto hemos aprendido de ellas, deberíamos lograr que el próximo siglo fuera el siglo del diálogo. El principio de la no-violencia debería ser practicado en todo el mundo. No puede lograrse simplemente a través de la meditación. La no-violencia significa trabajo y esfuerzo, mucho más esfuerzo todavía.

Gracias.